TRAITÉ

DE

PONCTUATION,

Contenant l'indication des Signes, leur usage, leur valeur, et les règles générales de leur placement ;

L'on a joint à cet ouvrage, des Phrases ponctuées de manière à faire sentir la diction et le rapport grammatical des mots.

Par VINÇARD , Typographiste,

BREVETÉ PAR S. M. L'EMPEREUR ET ROI.

A PARIS,
Chez l'Auteur, rue du Marché-Neuf, n°. 5 ;
Et chez les principaux Libraires.

1809.

On trouve encore chez le Sr. *VINÇARD*, quelques
Exemplaires de son Art du Typographe. = *Un vol. in-8*.
= *Prix*, 9*fr*.

PRÉFACE.

~~~~~~

QUOIQUE l'invention des Signes de la Ponctuation soit postérieure à celle des Lettres, elle n'est pourtant pas aussi moderne que certains auteurs l'ont avancé.

Envain a-t-on cru sur la foi du P. Buffier et de Restaut que les anciens ne connoissoient point l'art de la Ponctuation ; envain la plupart des grammairiens, copistes les uns des autres, ont-ils répété la même chose ; ils n'ont fait qu'accréditer une erreur démentie par Aristote, Cicéron, Quintilien, et autres.

Il est certain que les anciens avoient plusieurs signes de Ponctuation, tel que le point qu'il plaçoit soit au bas, soit au haut, soit au milieu de la lettre finale, ce qui répondoit à notre Virgule, à

notre Point ¨, etc. (1). En effet, peut‑
on croire que des langues qui avoient
atteint un certain degré de perfection ,
que des langues qui étoient enrichies
d'un grand nombre de chefs-d'œuvre,
tant en vers qu'en prose, peut-on croire ,
dis-je, qu'elles n'avoient point de Signes
de Ponctuation ? Si l'on n'en trouve pas
dans des manuscrits écrits il y a huit
ou dix siècles, on ne doit s'en prendre
qu'à l'ignorance des copistes , ou à leur
négligence ; aussi que d'obscurité , que
d'équivoques n'a-t-on pas rencontrées en
les lisant ! que de difficultés les érudits
et les commentateurs n'ont-ils pas eu
à vaincre ! La Ponctuation est donc d'une

---

(1) Première pause, équivalante à la Virgule. . . . E˙

Seconde pause, de la valeur du Point-virgule. . E˙

Troisième pause, représentant le Point final. . E.

Le Deux-points ou Comma (:) n'étoit employé que pour désigner division de périodes.

nécessité indispensable ; et les avantages qu'elle procure sont généralement reconnus de tous ceux qui lisent ou qui se mêlent d'écrire. Donc celui qui s'applique à la Ponctuation, évite de grands défauts en lisant ou en se faisant lire, car les signes qu'elle emploie facilitent la prononciation, font lire distinctement et nettement ; en effet, la précipitation de la lecture fatigue, la lenteur lasse, la monotonie endort, un ton déclamateur déplaît, et rien n'est plus désagréable que de donner un sens décousu à ce qu'on lit. La Ponctuation remédie à tous ces défauts, et l'écrivain qui ponctue avec soin, épargne au lecteur la peine de réfléchir et d'étudier, soulage l'œil et la respiration, remédie aux obscurités qui proviennent du style, suspend et retient la période autant que bon lui semble, joint à propos un sens interrompu avec ce qui précède, et donne à ceux qui le lisent la facilité de le comprendre parfaitement.

Nous n'avons eu , jusqu'à présent, que des notions vagues, imparfaites et même fausses sur la Ponctuation ; il est étonnant que les Grammairiens aient négligé une partie aussi intéressante et aussi nécessaire : on diroit, à les voir passer si rapidement sur cet objet, que , pressés de finir leur travail , ils ne donnent qu'à regret leurs règles de Ponctuation. C'est donc un sujet presque neuf à traiter , et dont les principes ont besoin d'être accompagnés d'un grand nombre d'Exemples, pour donner tous les éclaircissemens nécessaires , faire sentir les nuances qui font différer entr'elles de mêmes expressions , ôter les équivoques du discours , etc., etc. , c'est ce que je me propose d'exécuter ; si je ne remplis pas parfaitement la tâche que je me suis imposée, j'aurai au moins la gloire d'en avoir donné l'idée à ceux qui voudroient entreprendre un travail plus complet ; je verrai, avec plaisir, des plumes plus exercées que la mienne s'en occuper , et concourir à la perfection d'un art aussi important et malheureusement trop négligé.

CHAPITRE PREMIER.

~~~~~

De la Ponctuation en général.

~~~~~

LA Ponctuation est l'art de distinguer , à l'aide de certains signes , les différens sens qui se trouvent dans le discours , et les endroits où il faut plus ou moins s'arrêter en lisant.

Elle sert à la clarté du discours , à faire connoître au lecteur les repos qu'il doit observer , et les inflexions de voix qu'il faut prendre d'après le rapport des phrases entre elles , ou des parties de ces mêmes phrases.

Les principaux signes de Ponctuation sont les suivans :

A

La Virgule (,) ;

Le Petit-qué , nommé Point-virgule ou Virgule ponctuée (;) ;

Le Comma, autrement dit Deux-points (:);

Le Point final ou absolu (.) ;

Le Point Interrogant (?) ;

Le Point Admiratif (!).

A ces signes principaux on en ajoute d'autres que nous donnerons plus loin , quand nous aurons suffisamment expliqué ceux-ci qui forment spécialement notre Ponctuation.

Le choix des quatre premiers signes , tient à la proportion qu'il est nécessaire d'établir dans les pauses. Cette proportion dépend elle-même de trois causes principales :

1°. De la distinction essentielle des sens qui constituent un discours ;

2°. Des différens degrés de subordination qui conviennent à chacun des sens partiels dans le discours ;

3°. Enfin, du besoin de respirer.

Ces quatre signes , ; : . sont placés ici , suivant la gradation de leur valeur *ponctua-tive* ; d'où il suit, que la *Virgule* est le signe de la pause la plus foible , c'est-à-dire, qu'elle marque les endroits où la voix s'arrête le moins long-tems ; que le *Point-virgule* désigne une plus longue pause que la Virgule ; que le *Deux-points* annonce un repos encore plus grand que celui du Point-virgule ; qu'enfin, le *Point absolu* marque la plus grande pause, la pause finale ou terminative.

La Ponctuation la plus foible, la Virgule (,), doit être employée seule, partout où l'on ne fait qu'une division des sens partiels , sans aucune sous-division ; s'il y a dans un sens total deux divisions subordonnées et graduelles, il faut employer les deux signes de ponctuation les plus foibles (,;); s'il y a trois divisions , l'on employe communément le Comma (:).

Voici deux Exemples qui réunissent les quatre premiers signes , suivant leur gradation :

« Quoiqu'on ait reçu de bons principes , et qu'on ait été bien dirigé dans les premières années de l'éducation ; il arrive que l'on s'é- gare encore quelquefois : mais on revient bientôt de ses erreurs ».

~~~~~~

« Si Moïse nous mettoit en main les Saintes Ecritures sans nous prouver sa mission , nous pourrions bien le croire instruit et fidèle ; mais son autorité n'auroit pas droit de sou- mettre tous les esprits : parce qu'un témoi- gnage purement humain peut être suspecté d'erreur ou d'infidélité ».

CHAPITRE II.

De la Virgule.

Quand il se trouve plusieurs sujets de suite, on les sépare chacun par uue Virgule ;

EXEMPLE :

« Le cheval, le bœuf, l'âne, l'éléphant, le chameau et le dromadaire, sont de l'espèce des animaux qu'on appelle Quadrupèdes ».

Autre Exemple :

« On se mêle, on combat ; l'adresse, le courage,
Le tumulte, les cris, la peur, l'aveugle rege,
La honte de céder, l'ardente soif du sang,
Le désespoir, la mort, passent de rang en rang ».

Autre Exemple :

« Les arts, enfans du commerce, et qui nourrissent leur père, ajoutèrent un nouvel éclat au règne brillant d'Abdérame. Les palais, les jardins qu'il construisoit, les fêtes magnifiques de sa cour, attiroient, de toutes parts, les architectes, les artistes. Cordoue étoit le centre de l'industrie et l'asile des sciences. La géométrie, l'astronomie, la chimie, la médecine, avoient des écoles célèbres qui produisirent, un siècle après, Averrhoès et Avenzohar ».

Autre Exemple :

« Un esprit orné, un caractère doux, un maintien aisé, et le propos décent, sont des qualités aimables ».

Autre Exemple :

— « Celui qui doute, qui observe, et qui fait des expériences, augmente sa science ».

Plusieurs attributs de suite se séparent aussi chacun par la Virgule ;

EXEMPLE :

« Cet animal (*le chat*), naturellement sauvage, est adroit, souple, curieux de la propreté, méfiant, indocile, volontaire, moins ami que familier par intérêt et par habitude, ingrat, méchant par caractère, insensible aux caresses, irrité des mauvais traitemens, dangereux dans sa colère ; c'est le symbole de l'hypocrisie et de la trahison ».

Autre Exemple :

« Henri IV, roi de France, fut vaillant, intrépide, bon, humain, affable, généreux, bienfaisant et compâtissant ».

Autre Exemple :

« Nous ne sommes point mieux flattés, mieux obéis, plus suivis, plus entourrés, plus cultivés, plus ménagés, plus caressés de personne, pendant notre vie, que de ceux qui croient gagner à notre mort, et qui désirent qu'elle arrive ».

Autre Exemple :

« Tous les hommes ne sont pas riches, ils n'ont pas tous de l'esprit, ils ne remplissent pas tous les places les plus honorables de l'Empire, ils ne sont pas tous nobles et alliés aux premières familles ; mais riches ou pauvres, ignorans ou savans, ils ont tous leur tems duquel ils doivent faire un bon usage ».

S'il y a plusieurs régimes de suite, on emploie de même la Virgule ;

Exemple:

« Nous devons aimer non—seulement notre père, notre mère, nos frères et sœurs, nos autres parens, nos amis, nos voisins, nos compatriotes, mais encore tous les hommes, et même nos ennemis ».

Autre Exemple:

« Le Destin marque ici l'instant de leur naissance,
L'abaissement des uns, des autres la puissance ;
Les divers changemens attachés à leur sort,
Leurs vices, leurs vertus, leur fortune et leur mort ».

Autre Exemple:

« Le philosophe est propre à la recherche de toutes sortes de vérités, à découvrir les préjugés, à combattre l'erreur, à émouvoir et à calmer les passions, à insinuer la vertu, à détruire le vice, à établir de bonnes lois, à former des desseins, et à s'acquitter heureusement de toutes sortes de devoirs et d'emplois ».

Plusieurs verbes de suite accompagnés ou non de leurs circonstanciels, plusieurs prépo-

sitions avec leurs régimes , plusieurs adver-
bes ; plusieurs conjonctions , doivent être
séparés par la Virgule ;

EXEMPLE :

« Vil atôme importun , qui croit , doute , dispute ,
Rampe, s'élève, tombe, et nie encore sa chûte ;
Qui vous dit : je suis libre, en nous montrant ses fers ,
Et dont l'œil trouble et faux croit percer l'univers.
D'Aumale, en l'écoutant, pleure et frémit de rage ;
Cet ordre qu'il déteste, il va l'exécuter :
Semblable au fier lion qu'un Maure a su dompter ,
Qui docile à son maître, à tout autre terrible ,
Le suit d'un air affreux, le flatte en rugissant ,
Et semble menacer , même en obéissant ».

Autre Exemple :

« Je connois quelqu'un qui loue sans es-
timer , qui décide sans connoître , qui con-
tredit sans avoir d'opinion , qui parle sans
penser , et qui s'occupe sans rien faire ».

Autre Exemple :

« D'abord il s'y prit mal , puis un peu mieux ,
Puis bien ,
Puis enfin il n'y manqua rien ».

Autre Exemple :

« Osée a prédit aux Juifs qu'ils seroient
sans Roi , sans Princes , sans Sacrifices , sans
Idoles ».   C

Autre Exemple :

« Soyez assuré quoiqu'il projète, quoiqu'il dise, quoiqu'il fasse, qu'il n'en arrivera ni plus ni moins ».

Autre Exemple :

« Toutes les actions faites par des vues humaines, par intérêt, par politique, par coutume, ne sont pas des actions chrétiennes ».

Autre Exemple :

« N'attendez rien de ces gens corrompus. Si le fleuve peut remonter, si l'eau de la mer peut perdre son âcreté, si le corbeau peut devenir blanc, vous avez quelque chose à espérer du méchant ».

Autre Exemple :

« Toute vertu qui est fondée sur les pré-jugés, sur l'estime du monde, sur la coutume, sur la vanité, sur l'humeur, est une vertu chimérique ».

On emploie la Virgule quand il y a trans-position ou que le sens se trouve interrompu ;

EXEMPLE:

« L'impiété marche à front découvert.
Rien ne l'étonne, et le crime rebelle
N'a point d'appui plus intrépide qu'elle.
Sous ses drapeaux, sous ses fiers étendarts,
L'œil assuré, courent, de toutes parts;
Ces légions, ces bruyantes armées,
D'esprits subtils, d'ingénieux pygmées,
Qui, sur des monts d'argumens entassés,
Contre le ciel, burlesquement haussés;
De jour en jour, superbes eucelades,
Vont redoublant leurs folles escalades,
Jusques au sein de la Divinité,
Portent la guerre avec impunité,
Viendront bientôt sans scrupule et sans honte,
De ses arrêts lui faire rendre compte;
Et déjà même, arbitre de sa loi,
Tiennent en main, pour écraser la foi,
De leurs raisons les foudres toutes prêtes ».

Autre Exemple :
Portrait de l'Eloquence personnifiée.

« Un diadême auguste ceint sa tête. D'une
main elle lance des foudres, et de l'autre
elle sème des fleurs. Ses cheveux, abandon-
nés aux zéphirs, flottent sur ses épaules,
en ondes négligées. Sa robe, qu'aucun
lien ne resserre, et qui la pare sans la
gêner, brille de couleurs plus diverses et
plus vives que celles dont Phébus peint la

nue, quand il s'y joue avec tous ses rayons.
Une foule de Génies voltige autour d'elle,
comme ses ministres. L'un est chargé du
costume superbe, qu'il est tout fier de porter ; l'autre essaye, en riant, le brodequin :
l'un, d'un soufle hardi, fait raisonner la
trompette éclatante, tandis que l'autre fait
soupirer tendrement la flûte pastorale ».

Autre Exemple :

« Quels peuples oseront, dans les champs de l'histoire,
Disputer aux français, la palme de la gloire ?
Le vertueux Mably, quand il peint Phocion,
Pense comme Socrate, écrit comme Platon.
L'harmonieux Vertot, toujours noble et rapide,
Fait revivre Népos, Saluste et Thucidide.
Le véhément Rainal, quelquefois trop hardi,
Profond comme Tacite, est plus brillant que lui.
Hénaut, dont le crayon plein de force et de grace,
Dans un champ limité, semble agrandir l'espace,
Ton rapide burin, quand tu traces les faits,
En les accumulant, ne les confond jamais ».

Autre Exemple :

« Dans un antre vaste et profond, Eole
tient tous les vents enchaînés ; les montagnes,
qui les renferment, retentissent au loin de leur
mugissement. Ce dieu, assis sur la plus élevée

des montagnes, et un sceptre en main, commande aux vents, et s'oppose à leurs efforts ».

Autre Exemple :

« Au pied du mont Adule, entre mille roseaux,
Le Rhin, tranquille et fier du progrès de ses eaux,
Appuyé d'une main, sur son urne penchante,
Dormoit au bruit flatteur de son onde naissante ».

Autre Exemple :

« Les Américains n'avoient point de *Lettres* avant la découverte de l'Amérique. Au Chily, pour tenir compte de leurs troupeaux et conserver la mémoire de leurs affaires particulières , les Indiens ont recours à certains nœuds de laine qui, par la variété des couleurs et des replis , leur tiennent lieu de caractère et d'écriture. La connoissance de ces nœuds, qu'ils appellent *quipos*, est une science et un secret que les pères ne révèlent à leurs enfans que lorsqu'ils se croyent à la fin de leurs jours ».

Autre Exemple :

« J'estime bien ces honnêtes enfans
Qui, de Savoie, arrive tous les ans ;
Et dont la main légèrement essuie
Ces longs canaux engorgés par la suie ».

Autre Exemple :

« L'on a dit que la Nature marche toujours
et agit en tout , par degrés imperceptibles
et par nuances. Cette vérité qui d'ailleurs
ne souffre aucune exception , se dément ici
tout-à-fait. Il y a une distance infinie entre
les facultés de l'homme et celles du plus
parfait animal , preuve évidente que l'homme
est d'une différente nature ; que seul il fait
une classe à part de laquelle il faut descen-
dre , en parcourant un espace infini , avant
d'arriver à celle des animaux ; en effet ,
si l'homme étoit de l'orde des animaux , il
y auroit dans la nature un certain nombre
d'êtres moins parfaits que l'homme , et plus
parfaits que l'animal , par lesquels on des-
cendroit insensiblement , et par nuances , de
l'homme au singe ; mais cela n'est pas : on
passe tout d'un coup de l'être pensant à
l'être matériel , de la puissance intellectuelle
à la force mécanique, de l'ordre et du dessein
au mouvement aveugle , de la réflexion à
l'appétit ».

Autre Exemple :

« A leur tête est le Coq, père, amant, chef heureux,
Qui, roi sans tyrannie et sultan sans molesse,
A son sérail ailé prodiguant sa tendresse,
Aux droits de la valeur joint ceux de la beauté,
Commande avec douceur, caresse avec fierté,
Et, fait pour les plaisirs et l'empire et la gloire,
Aime, combat, triomphe et chante sa victoire ».

Autre Exemple :

« Combien d'illustres noms honorent la campagne !
Oui, c'est-là qu'ont écrit Buffon, Rousseau, Montagne,
Vrais Poètes par l'âme ; oui, nous devons aux champs,
La prose la plus tendre et les plus nobles chants.
Ceux même à qui la ville étoit si nécessaire,
Molière, et des rimeurs la critique sévère,
De leur siècle, à Paris, observant les travers,
Dans leurs jardins d'Auteuil alloient chercher des vers.
Ces profonds écrivains, ces Poètes sublimes,
Amour sacré des champs, c'est toi qui les animes !
Le chantre d'Ilion peignit un vrai jardin,
Celui qui retraça les berceaux de l'Eden,
Celui qui de Pasteurs entouroit Herminie ;
Tous ceux qui dans leur âme ont puisé leur génie,
Vivoient dans la retraite, ou de loin l'adoroient ».

Autre Exemple :

« Maintenant, que le tems a mûri mes désirs,
Que mon âge, amoureux de plus sages plaisirs,
Bientôt s'en va frapper à son neuvième lustre,
J'aime mieux mon repos qu'un embarras illustre ».

Autre Exemple :

« Les yeux sur vous, la nocturne courrière,
D'un pas plus lent marche dans sa carrière,
Et pénétrant, de ses traits argentés,
La profondeur des bosquets enchantés,
N'y répand trop, ni trop peu de lumière ».

Autre Exemple :

« J'ai oui dire , par exemple , sur les lieux, et à des hommes dignes de foi, que Frédéric-le-Grand , roi de Prusse , étoit né avec un tempérament foible et une disposion physique à la peur. Ce prince prit la fuite à la première bataille qui fut donnée sous ses yeux (la bataille étoit gagnée qu'il étoit caché sous le pont). Un de ses officiers, qui lui étoit très-attaché , courut après lui et l'arrêta. Le prince revint à lui-même. Il prit la ferme résolution de se roidir contre les dangers. Son ame forte l'emporta sur son tempérament , et il devint le plus grand général et le plus courageux des hommes , par un effort puissant de sa volonté , et comme l'on dit, *par son ferme propos.* Cela prouve jusqu'à quel point il dépend de soi de devenir grand , et de quoi l'homme est capable quand il veut fortement ».

Autre Exemple :

« Une déesse énorme*,
Ou plutôt un monstre difforme,
Tout couvert d'oreilles et d'yeux ,
Dont la voix ressemble au tonnerre ,
Et qui, des pieds touchant la terre ,
Cache sa tête dans les cieux ».

Autre Exemple :

« Sous la voûte d'un roc , d'effrayante structure ,
Qu'enveloppe la nuit , qu'attriste la nature ,
Se cache un antre affreux**, du soleil ignoré ,
Où l'haleine des vents n'a jamais pénétré ».

Autre Exemple :

« Souvent l'infortuné poète ,
Pressé d'une faim inquiète ,
Jeûne en décrivant un repas ,
Et dans l'horreur de l'indigence ,
Chantant la corne d'abondance ,
Il l'emplit d'or et n'en a pas ;
Souvent, en ses rimes divines ,
Il peint l'aisance et ses douceurs :
En lui dressant un lit de fleurs ,
Il va coucher sur des épines ».

Lorsqu'une phrase accessoire peut se retrancher de la phrase principale, sans empêcher celle-ci de former un tout et d'avoir

---

* La Renommée.
** L'antre de l'Envie.

D

un sens complet, elle rentre dans la règle
précédente, c'est-à-dire, elle se place entre
deux Virgules ; dans le cas contraire, quand
la phrase accessoire, tout en restreignant le
sujet, ne forme avec lui qu'une idée totale,
alors il ne faut pas de Virgule ;

E x e m p l e :

« Les passions , *qui sont les maladies de
l'ame,* ne viennent que de notre révolte contre la raison ».

On peut, dans cette phrase totale, retrancher ce qui est en *italique,* le reste n'en
formera pas moins un tout, un sens absolument complet ; car on parle ici des passions
en général. Mais qu'on ait cette autre phrase :

Les passions *contre lesquelles tu réclames*
ne sont pas les plus dangereuses.

Ces mots, *contre lesquelles tu réclames,*
ne peuvent pas se retrancher, car le reste ne
formeroit plus un sens complet, puisque ce
ne sont pas les passions en général qu'on a en
vue dans cette phrase.

Autre Exemple :

« Le même orgueil qui nous fait blâmer les défauts dont nous nous croyons exempts nous porte à mépriser les bonnes qualités que nous n'avons pas ».

Voilà, dira-t-on, une phrase de longue haleine ; oui, mais elle prouve que la Ponctuation ne dépend pas toujours de la respiration , et n'est pas faite précisément pour elle, comme le plus grand nombre des grammairiens l'ont cru ; aussi est-ce cette croyance qui cause tant de variétés dans la Ponctuation. Revenons donc d'une erreur qui s'oppose à la perfection de cet art , et ne ponctuons désormais que pour le sens qui sera saisi plus facilement dès la première lecture ; et la voix n'en prendra que mieux les inflexions et intonations nécessaires.

En général, lorsqu'il y a de suite deux ou plusieurs phrases non-subdivisées, il faut employer la Virgule seulement ;

E X E M P L E :
« Rien n'est plus heureux que la vertu , rien n'est plus brillant sous le soleil ».

Autre Exemple :

« Celui qui pâlit sur l'or, qui se couche sur ses trésors entassés, n'approche pas du bonheur de la vertu. Cette fille du ciel rit en pitié des méprisables refus du vulgaire, elle rit des vains tourmens de l'ambition, elle n'est pas le jouet d'un vent léger, elle n'éprouve pas la lâcheté de la terreur, elle brave hautement le dé inconstant du sort. Elle est reine, elle commande par tout, sans avoir d'autre éclat que celui qui sort de ses faisceaux innocens. Elle soutient sa hauteur, elle est immobile à tous les événemens, toujours éloignée du faste odieux et du luxe insolent ».

Autre Exemple :

L'Hypocrisie.

« Humble au dehors, modeste en son langage,
L'austère honneur est peint sur son visage.
Dans ses discours règne l'humanité,
La bonne foi, la candeur, l'équité.
Un miel flatteur sur ses lèvres distille,
Sa cruauté paroît douce et tranquille,
Ses vœux au ciel semble tous adressés,
Sa vanité marche les yeux baissés,
Le zèle ardent masque ses injustices,
Et sa molesse endosse les cilices ».

Autre Exemple :

« Si le héros dont je fais l'éloge (*Turenne*) n'avoit su que combattre et que vaincre, sans que sa valeur et sa prudence fussent animées d'un esprit de foi et de charité, content de le mettre à côté des Scipion et des Fabius, je laisserais à la vanité le soin de la vanité, et je ne parlerais de sa gloire que pour déplorer son malheur ».

Autre Exemple :

« La philosophie nous fait savans, la morale nous rend sages, l'histoire judicieux, et la rhétorique éloquens ». ·

Le vocatif (avec les mots qui en dépendent s'il y en a), se sépare du reste de la phrase par la Virgule ;

EXEMPLE :

« Que tu sais bien, Racine, à l'aide d'un acteur, Emouvoir, étonner, ravir un spectateur ».

Autre Exemple :

« Soldats qui m'écoutez, secondez ma valeur ».

Autre Exemple :

« Illustre favori de l'invincible Mars ,
Toi qui suit en tous lieux ses nobles étendarts ,
Qui vole chaque jour de victoire en victoire ,
Pour toi je vois s'ouvrir le temple de Mémoire ».

Lorsque des phrases d'une certaine étendue sont unies par les conjonctions *et, ni, ou,* etc. , il faut avant ces mêmes mots , mettre une Virgule ;

E X E M P L E :

« L'exercice que l'on prend à la chasse , et la frugalité qu'on observe dans les repas, fortifient le tempérament ».

Autre Exemple :

« Je ne puis écrire à mon ami , ni recevoir de ses nouvelles ».

Autre Exemple :

« Il faut toujours suivre les lois de l'exacte probité , ou renoncer à l'estime de soi—même ».

Quand un de ces mots *et, ni, ou,* est répété, on met la Virgule ;

E X E M P L E :

« Des Dieux les plus sacrés j'invoquerai le nom ,
Et la chaste Diane , et l'auguste Junon ,
Et tous les Dieux enfin ».

Autre Exemple :

« L'aimable Fénélon réunissoit à la fois,
et l'esprit, et la science, et la douceur, et
la vertu ».

Autre Exemple :

« Rien ne manque à Vénus , ni les lys, ni les roses ,
Ni le mélange exquis des plus aimables choses ,
Ni ce charme secret dont l'œil est enchanté ,
Ni la grace plus belle encor que la beauté ».

Autre Exemple :

« Cette belle qu'ici j'admire ,
Dont mon cœur est déjà si vivement touché ,
Est, disais-je, ou Vénus , ou Flore, ou bien Psyché ;
Eh ! non , reprit l'Amour , c'est l'aimable Thémire ».

Autre Exemple :

« Le sublime est une certaine force de
discours propre à élever et à ravir l'ame ,
et qui provient ou de la grandeur de la pensée et de la noblesse du sentiment , ou de la
magnificence des paroles , ou du tour harmonieux , vif et animé de l'expression , c'est-
à-dire , de l'une de ces choses regardées séparément, ou, ce qui fait le parfait sublime,
de ces trois choses jointes ensemble ».

Il ne faut point de Virgule quand la conjonction *et*, *ni*, *ou*, *comme*, etc., assem-
blent des termes simples et courts ;

E x e m p l e :

« Le savant comme l'ignorant
Cherchent l'honneur et la gloire ».

Autre Exemple :

« Ni l'or ni la grandeur ne nous rendent heureux ».

Autre Exemple :

« Les bonnes ou les mauvaises conver-
sations forment ou gâtent l'esprit ».

Point de Virgule quand tous les mots d'une
phrase sont liés successivement les uns aux
autres d'une manière inséparable ;

E x e m p l e :

« La précipitation peut aveugler l'esprit
au point de lui faire donner à un être un
nom qu'il ne lui donneroit pas s'il prenoit
le tems de le considérer davantage. Dans
ce cas là l'esprit ne tombe , à proprement
parler, que dans une méprise et la réflexion ne tarde pas à la lui faire réparer ».

On voit dans cette période que tous les mots de la première partie jusqu'au point , sont successivement liés les uns aux autres d'une manière inséparable ; que la seconde partie de cette même période est composée de deux phases distinctes ; le sens de la première est interrompu par ces mots : *à proprement parler ;* et ces deux dernières, phrases liées ensemble par la conjonction *et.*

Ainsi donc, point de ponctuation intérieure dans ces sortes de phrases ;

E x e m p l e :

« Un loup qui commençoit d'avoir petite part
Aux brebis de son voisinage ,
Crut qu'il falloit s'aider de la peau du Renard ».

Autre Exemple :

« Mais ils ne veulent s'exposer qu'autant qu'il est nécessaire pour faire réussir le dessein pour lequel ils s'exposent ».

Autre Exemple :

« Le peuple s'étonna comme il se pouvoit faire
Qu'un homme seul eut plus de sens
Qu'une multitude de gens »,

E

Autre Exemple.

« Les penchans que nous avons, nous décident à nommer bons ou mauvais les objets
extérieurs, suivant que nous les supposons utiles ou nuisibles au but de nos penchans ».

Ainsi donc ponctuez l'Exemple suivant
tel qu'il se trouve ici. J'ai mis en *italique* ce
qui se rapporte à la règle :

« Tous nos sentimens ou passions peuvent
être rapportés à quatre chefs principaux :
joie, chagrin, espérance et crainte.

*Mais chacun de ces chefs généraux se sub-
divise en plusieurs sortes qui correspondent
à la nature de ce que nous prenons pour
un bien ou un mal,* et au penchant par lequel
nous y sommes portés.

*Les sentimens de ceux qui sont princi-
palement occupés de leur conservation sont
celui de sûreté et de succès heureux,* de
danger ou de mauvais succès.

Le premier comprendra la sécurité, la
joie de triomphe ou d'exultation et l'insolence ;
le second la jalousie, la terreur et le désespoir.

Les plus pénibles sentimens de ceux qui s'occupent principalement des intérêts d'autrui sont, soulagés par les plaisirs de l'affection, de la confiance, de la bienveillance.

Les sentimens de ceux qui sont principalement occupés de la considération des qualités éminentes et des défauts , soit en eux — mêmes , soit dans autrui , sont, par rapport à eux — mêmes et à leurs perfections ou défaut absolus , le contentement de soi et la fierté ; et, quant aux défauts, la honte , le remords et l'abattement.

Les sentimens qui viennent de nos avantages relatifs et de notre supériorité sur autrui, sont les différentes nuances de l'amour-propre, le triomphe , la vaine gloire , l'insolence , le mépris.

Les sentimens des hommes relativement aux bonnes qualités des autres sont l'estime , le respect, la vénération.

L'estime est un sentiment d'approbation qui mène à la confiance.

Le respect est un sentiment d'approbation qui mène à la soumission.

La vénération est un haut degré de respect.

Les sentimens relatifs aux défauts sont le mépris, le ridicule, l'indignation, la fureur.

Le mépris et un sentiment de blâme qui conduit à en négliger l'objet, ou à le traiter avec indifférence.

Le ridicule est le sentiment de blâme mêlé de joie et de plaisanterie.

La bonne raillerie consiste à montrer ce qui est ridicule en autrui, la bouffonnerie à se montrer soi-même ridicule.

Plus nous désapprouvons l'objet du ridicule, plus le sentiment approche du dédain ; plus la plaisanterie y domine, plus il approche de la gaîté : la tendresse peut même y être mêlée ».

L'Apostrophe remplace la Virgule dans la phrase suivante :

« Je me souviens *qu'en* me voyant écrire, il y a huit jours, vous me promîtes une place de secrétaire auprès de vous ».

Mais, si l'on supprimoit l'apostrophe, il faudroit mettre la Virgule :

« Je me souviens *que, en* me voyant écrire il y a huit jours , vous me promîtes une place de secrétaire auprès de vous ».

Enfin, il ne faut point de Virgule quand il y a ellipse ;

E x e m p l e :

« L'amour de la gloire meut les grandes ames , et l'amour de l'argent les ames vulgaires ».

Si l'on ponctuoit ainsi :

« L'amour de la gloire meut les grandes ames, et l'*amour de l'argent, les ames vulgaires* », ce seroit un contre-sens ; la phrase suivante est plus sensible :

« La gourmandise chasse la santé , et *la sobriété la maladie* ».

On conçoit parfaitement que cela signifie: la gourmandise chasse la santé , et *la sobriété* chasse *la maladie*.

Au lieu qu'en ponctuant de la manière suivante :

« La gourmandise chasse la santé, et *la sobriété, la maladie* ».

Il sembleroit qu'on voudroit dire : que la gourmandise chasse à la fois la santé, la sobriété et la maladie ; ce qui seroit un contresens des plus ridicules.

CHAPITRE III.

Du Point-virgule.

Le Point-virgule (;), qu'on nomme aussi *Virgule ponctuée*, est appelé par nous *Petit-qué*, parce qu'autrefois il servoit à abréger en latin le mot *que* au lieu duquel on écrivoit *q;*.

Ce signe doit s'employer pour séparer des phrases déjà divisées par la Virgule, et marque un sens plus étendu que la Virgule ; cette dernière ne séparant que les parties subalternes et le plus intimément liées entr'elles.

EXEMPLE:

« L'amour-propre est, dit-on, le plut sot des amours ;
Mais c'est le plus fidèle, on y revient toujours.
Contre lui vainement la sagesse murmure,
    Avec nous cet amour est né ,
    Autant que nous cet amour dure.
C'est un faible, il est vrai , mais tout examiné ,
    C'est un faible que la Nature
    Aux plus grands hommes a donné ».

Autre Exemple :

« Celle que nous aimons jamais ne nous offense ,
Un mouvement secret prend d'abord sa défense ;
L'amant souffre tout d'elle, et, dans son changement ,
Quelque irrité qu'il soit, il est toujours amant ».

Autre Exemple :

« Didon, tes deux Epoux ont causé tes malheurs ;
Le premier meurt, tu fuis ; le second fuit, tu meurs ».

Autre Exemple :

« Les êtres muets même ont droit à son hommage,
Il converse avec eux, leur prête son langage ;
Souvent un arbre, un fruit, une plante, une fleur,
Captivent ses regards et parlent à son cœur.
Le fruit de ce mûrier rappelle à sa mémoire
De Pyrame et Thisbé la déplorable histoire ;
Il répète ses vers, qu'on retient sans effort,
Ces vers où La Fontaine a peint leur triste sort.
A l'ombre de nos bois, le rossignol qui chante,
C'est Philomène encore, plaintive et gémissante ;
Dans l'air mille couleurs charment ses yeux surpris,
Ce n'est plus l'arc—en—ciel, c'est l'écharpe d'Iris ;
Et lorsque des bienfaits de l'humide rosée,
Au retour du matin, la terre est arrosée,
Il croit que de Titon la jeune épouse en pleurs
Rajeunit la nature, et fait naître les fleurs ».

Autre Exemple :

« Il ne s'agit que de bien étudier ce que
nous sentons, ce qui se passe en nous ; de
ne pas remplacer, par des suppositions arbitraires, les instructions directes que le sentiment nous donne ; et de nous observer
dans les circonstances générales où les passions
nous en imposent moins et où nous pouvons,
plus facilement , nous séparer de nos préju-

gés , de nos habitudes. Si nous nous trompons , malgré tous nos soins , c'est que de
tous les moyens qui nous ont été donnés pour
acquérir des connoissances, il n'en est aucun
avec lequel nous ne puissions nous tromper.
Il ne suit pas de là que nous soyons auto-
risés à abandonner les routes de la nature
pour nous en frayer d'autres dans lesquelles
nous serions sûrs de nous égarer ».

Autre Exemple :

« Sur un lit de roses ,
Fraîchement écloses ,
Flore , du grand jour ,
Attend le retour ;
Le jeune Zéphire
A ses pieds soupire ;
Et le Dieu badin ,
Volant autour d'elle ,
Du bout de son aile
Découvre son coin ».

Autre Exemple :

« Aux pieds de ce trône étoit la mort
pâle et dévorante avec sa faulx tranchante
qu'elle aiguisoit sans cesse. Autour d'elle
voloient les noirs soucis, les cruelles défiances,

F

les vengeances toutes dégoûtantes de sang,
et couvertes de plaies ; les haines, injustes,
l'avarice qui se ronge elle-même ; le désespoir
qui se déchire de ses propres mains ; l'ambition forcenée qui renverse tout ; la trahison
qui veut se repaître de sang, et qui ne peut
jouir des maux qu'elle a faits ; l'envie qui
verse son venin mortel autour d'elle, et qui
se tourne en rage dans l'impuissance où elle
est de nuire ; l'impiété qui se creuse elle-
même un abîme sans fond, où elle se précipite sans espérance ; les spectres hideux,
les fantômes qui représentent les morts pour
épouvanter les vivans ; les songes affreux,
les insomnies aussi cruelles que les tristes
songes. Toutes ces images funèbres envi-
ronnoient le fier Pluton, et remplissoient le
palais où il habite ».

Autre Exemple:

« Sous le puissant abri de son bras despotique,
Au fond du Vatican régnoit la Politique,
Fille de l'intérêt et de l'ambition,
Dont naquirent la fraude et la séduction.
Ce monstre ingénieux, en détours si fertile,
Accablé de soucis, paroît simple et tranquille ;
Ses yeux creux et perçans, ennemis du repos,
Jamais du doux sommeil n'ont senti les pavots ;

Par ses déguisemens à toute heure elle abuse
Les regards éblouis de l'europe confuse ;
Le mensonge subtil qui conduit ses discours ,
De la vérité même empruntant le secours ,
Du sceau du Dieu vivant empreint ses impostures ,
Et fait servir le ciel à venger ses injures ».

Autre Exemple :

« Si la Terre est si petite à l'égard de
Jupiter , Jupiter nous voit—il? Je crains que
nous ne lui soyons inconnus ; il faudroit qu'il
vît la Terre quatre-vingt-dix fois plus petite
que nous ne la voyons ; c'est trop peu : il
ne la voit point. Voici seulement ce que
nous pouvons croire de meilleur pour nous :
Il y aura dans Jupiter des astronomes qui ,
après avoir bien pris de la peine à composer
des lunettes excellentes , après avoir choisi
les plus belles nuits pour observer , auront
enfin découvert dans les cieux une petite planette qu'ils n'avoient jamais vue. D'abord
le Journal des Savans de ce pays là en parle ;
le Peuple de Jupiter , ou n'en entend point
parler , ou n'en fait que rire ; les Philosophes
dont cela détruit les opinions , forment le
dessein de n'en rien croire ; il n'y a que les
gens très - raisonnables qui en veulent bien

douter. On observe encore ; on revoit la petite planette ; on s'assure bien que ce n'est point une vision ; on commence même à soupçonner qu'elle a un mouvement autour du Soleil ; on trouvé au bout de mille observations , que ce mouvement est d'une année ; et enfin , grace à toutes les peines que se donnent les Savans, on sait, dans Jupiter , que notre terre est au monde : les curieux vont la voir au bout d'une lunette, et la vue à peine peut-elle encore l'attraper ».

Autre Exemple.

« La médisance est la fille immortelle
De l'amour-propre et de l'oisiveté.
Ce monstre ailé paroît mâle et femelle ,
Toujours parlant et toujours écouté ;
Amusement et fléau de ce monde ,
Elle y préside ; et sa vertu féconde ,
Du plus stupide échauffe le propos.
Rebut du sage , elle est l'esprit des sots,
En ricanant , cette maigre furie
Va de sa langue épandre les venins
Sur tous états ; mais trois sortes d'humains ,
Plus que le reste , alimens de l'envie,
Sont exposés à sa dent de harpie :
Les beaux esprits, les belles et les grands ,
Sont de ces traits les objets différens ».

Autre Exemple.

« Là , on ne connoît ni les pâles maladies,

ni la pénible vieillesse, ni la crainte inquiète, ni la mort ; de-là sont bannis pour toujours l'amour insensé des richesses, la fureur de. la guerre ; on n'y voit ni l'indigence couverte de lambeaux, ni l'affliction en habit de deuil : la faim impérieuse , l'inquiétude dévorante y sont ignorées. Jamais la fraîcheur du matin n'a couvert ce pays fortuné d'une rosée glacée ; jamais le souffle impétueux des vents ne s'y est fait sentir ; jamais les nuages n'ont obscurci les airs ; jamais la pluie n'a tombé sur la terre : mais on trouve au milieu une source abondante dont l'eau pure et transparente, s'élance tous les mois et arrose la contrée douze fois l'année. Autour de cette fontaine est une espèce d'arbres dont la tige élevée porte des fruits qui , quoique mûrs, ne tombent jamais ».

Autre Exemple.

« Politesse noble, qui sait approuver sans fadeur , louer sans jalousie , railler sans aigreur ; qui saisit les ridicules avec plus de gaîté que de malice ; qui jette de l'agrément sur les choses les plus sérieuses, soit par le sel de l'ironie, soit par la finesse de l'expres-

sion ; qui passe légèrement du grave à l'en-
joué , sait se faire entendre en se faisant deviner , montre de l'esprit sans en chercher ,
et donne, à des sentimens vertueux , le ton
et les couleurs d'une joie douce ».

Autre Exemple :

« Le Destin prenant ensuite l'œuf (1) dont
il avoit parlé à l'amour, l'ouvre impercep-
tiblement ; à l'instant il en sort une vapeur
divine, qui se répand sur le cahos ; les différentes substances dont il étoit composé se
mettent en mouvement ; tout se débrouille ,
tout se divise et suit le penchant de sa nature.
La terre dégagée de l'eau et du feu dont
elle étoit imprégnée, se rassemble , s'affer-
mit en prenant de la solidité ; l'air se dilate,
remplit les vides et sert d'aliment à tout ce
qui se vivifie ; le feu, comme la partie la
plus légère, se retire dans la haute région ;
le ciel se découvre, s'éclaircit, s'embellit de
ses astres lumineux , fait pour éclairer le
monde ; l'eau s'écoule et choisit son assiette
dans les sombres vallées , d'où , se frayant

---

(1) Les payens pensoient que tout étoit sorti de cet œuf.

des chemins souterreins , elle va se rendre
de toutes parts dans une immense plaine
qu'elle remplit , et dont elle forme ce que
nous appelons mer. L'amour , spectateur in-
telligent , applaudit et se tait ; mais un souris d'admiration qu'il laisse échapper de sa
bouche de roses , anime toute la nature ; la
terre fertilisée par ce ris divin , s'embellit
des rares productions qui excitent aujour-
d'hui notre surprise ; de son sein fécond sor-
tent des arbres de toutes les espèces ; l'un ,
par l'épaisseur de son feuillage , couvre ,
d'une ombre favorable , les lieux dont il est
entourré ; l'autre, joignant l'utile à l'agréable,
se charge de fruits délicieux : celui-ci porte
jusqu'aux cieux sa tête altière, celui—là ,
moins orgueilleux , rampe sur la terre. Les
plus brillantes fleurs naissent sur les bords
des ruisseaux argentés , qui serpentent déjà
dans de vertes prairies ; leur simplicité primitive éclate des plus vives couleurs. Ici ,
une montagne escarpée laisse tomber , de sa
tête chenue , un torrent impétueux qui va
former dans ce vallon une cascade naturelle,
et plus loin une rivière roulant majestueuse-

ment ses flots sur un sable pur et brillant.
Là, un bosquet de myrthes et de chèvre-
feuilles, offre un asyle odorant contre la
chaleur du soleil ».

Une première phrase générale ou absolue,
et non ponctuée intérieurement, doit être sé-
parée de ce qui suit par le *Point-virgule*,
lorsque ce qui suit ne sert qu'au développement de cette même phrase.

E X E M P L E :

« La chétive pécore
S'enfla si bien qu'elle creva.
Le monde est plein de gens qui ne sont pas plus sages,
Tout bourgeois veut bâtir comme des grands seigneurs ;
Tout petit prince a des ambassadeurs,
Tout marquis veut avoir des pages ».

Autre Exemple :

« Tout plaît dans les synonymes de l'abbé
Girard ; la finesse des remarques, la justesse
des pensées, le choix des exemples ».

Autre Exemple :

« Jouet des caprices du sort
Ce monde est une loterie ;
Grand ou petit, ou foible ou fort,
Chacun a son lot dans la vie ».

Autre Exemple :

« L'hypocrisie est le fard des vertus ; elles les corrompt, elle les détruit ».

Autre Exemple :

« L'ordre naît du besoin ; l'audace ou l'artifice
Raviroit tous nos biens, si la loi protectrice,
Devant qui tout pouvoir se doit humiler,
Ne veilloit sur le seuil de ton heureux foyer.
Ainsi la sûreté restreint l'indépendance,
Les rois même aux vertus s'instruisent par prudence,
Et l'amour—propre enfin, redressant son erreur,
Dans le bonheur d'autrui, fait trouver son bonheur.
Des Wighs et des Torys fuis la guerre obstinée.
La meilleure cité, c'est la mieux gouvernée.
Laisse nos faux docteurs disputer sur la foi,
L'homme juste a rempli tous les points de la loi,
Ce qui nuit est l'erreur ; mais la pure doctrine,
Celle qui rend heureux est la seule divine ».

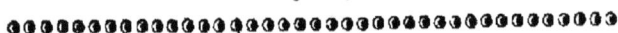

CHAPITRE IV.

Du Deux-points ou Comma.

Le *Deux-points* (:), s'appelle aussi *Comma*, du mot latin *Comma*, qui signifie division d'une période, et se place, au milieu de cette même période, entre deux propositions, qui se suivent nécessairement.

E X E M P L E:

« On a dit de la Motte : il vouloit rire comme La Fontaine ; mais il n'avoit pas la bouche faite comme lui, et il faisoit la grimace ».

Autre Exemple :

« Je disois à la nuit sombre :
O nuit tu vas de ton ombre
M'ensevelir pour toujours.
Je redisois à l'aurore :
Le jour que tu fais éclore
Est le dernier de mes jours ».

On se sert du Deux-points quand il y a comparaison ;

E X E M P L E:

« Les revers seuls éprouvent l'ame :

Aïnsi l'or du sein de la flâme ,
Coule plus brillant et plus pur ;
Et brisant sa tourbe grossière ,
La crysalide prisonnière
S'élance aux plaines de l'azur ».

Autre Exemple :

« J'ordonnois, mais en vain, qu'on épargnât Joyeuse ;
Je l'aperçus bientôt porté par des soldats ,
Pâle, et déjà couvert des ombres du trépas :
Telle une tendre fleur, qu'un matin voit éclore ,
Des baisers du Zéphire et des pleurs de l'aurore ,
Brille un moment aux yeux, et tombe, avant le tems ,
Sous le tranchant du fer, ou sous l'effort des vents ».

On se sert aussi du Deux—points pour marquer un nombre de périodes qui dépend d'un ou de deux autres nombres de cette période distingués par le Point-virgule ;

EXEMPLE :

« Il y a dans la nature de l'homme deux principes opposés : l'amour—propre qui nous rappelle à nous ; et la bienveillance , qui nous répond ».

Autre Exemple :

« Un jeune homme , qui enfin n'a plus de gouverneur, aime les chiens , les chevaux

et les divers exercices : il est prompt à recevoir les impulsions des vices ; il s'emporte
contre ceux qui donnent des avis et qui le
reprennent de ses défauts ; il ne pense que
tard à l'utile, auquel il préfère ordinairement
l'honnête ; il est prodigue, fier et présomptueux ; il désire tout ce qu'il voit, et il se
lasse très-promptement des choses qu'il a le
plus aimées.

L'âge viril a d'autres inclinations : il tra-
vaille à amasser des richesses et à se faire
des amis ; il tache d'accorder l'intérêt avec
l'honneur, et de ne rien faire dont il puisse
avoir tôt ou tard sujet de se repentir.

La vieillesse est le rendez-vous de toutes
les incommodités : elle amasse du bien , et
elle est si misérable, qu'elle n'ose s'en servir ; elle ne fait rien qu'avec beaucoup de
timidité et de lenteur ; elle est irrésolue ,
longue à concevoir des espérances, paresseuse,
attachée à la vie , difficile et de mauvaise
humeur ; elle se plaint sans cesse , ne vante
que le tems passé , et fait incessamment des
corrections et des réprimandes à la jeunesse »,

Autre Exemple :

« L'esprit fécond de La Fontaine
Fit couler de sa riche veine
Un nombre infini de beaux vers :
On voit des traits inimitables ,
Dans ses Contes et dans ses Fables ,
Dans tous ses ouvrages divers ,
Qui rendront leurs beautés durables
Aussi longtems que l'univers ».

Autre Exemple :

« On distingue diverses sortes de styles : le style uni, où l'on ne voit ni expression ni pensées remarquables ; le style rapide , qui attache et entraîne ; le style pittoresque, qui présente vivement les objets; le style méthodique , qui marche avec ordre , ne se permettant aucun écart ».

Il est indifférent que cette phrase soit la première ou la dernière d'une période , mais il faut qu'elle soit l'une ou l'autre.

Ainsi la période précédente pourroit être comme il suit :

« Le style uni où l'on ne voit ni expressions ni pensées remarquables ; le style rapide, qui attache et entraîne ; le style pittoresque , qui présente vivement les objets ; le style méthodique , qui marche avec ordre : *voilà les diverses sortes de styles qu'on distingue* ».

●●●●●●●●●●●●●●●●●●●●●●●●●●●●●●●●●●●●●●

CHAPITRE V.

Du Point.

Le Point final (**.**), marque un sens complet et tout-à-fait fini , et doit être mis après une préposition , une phrase ou une période qui a un sens absolument terminée. On le met encore à la fin de toutes les phrases inentièrement dépendantes de ce qui suit , ou du moins qui n'ont de liaison avec la suite, que par la convenance de la matière et l'analogie générale des pensées dirigées vers une même fin.

E x e m p l e :

« On peut dire que le bon goût, qui se répand de plus en plus en Europe, a pris naissance dans la Grèce ; les inventions des autres peuples qui furent communiquées aux Grecs, n'étoient que des essais grossiers , qui, sous l'heureuse influence du génie de ce peuple, prirent une nouvelle forme et de nouveaux degrés de beauté , de grace ou d'utilité ».

Autre Exemple :

« Minerve , dit Platon , choisit pour la résidence de son peuple favori , le climat agréable de la Grèce, comme le plus propre à favoriser les progrès de l'esprit et du genie , par la douce et heureuse température qui y règne pendant les différentes saisons ».

Autre Exemple :

« Que peuvent contre lui *(contre Dieu)* tous les rois de la terre?
En vain ils s'uniroient pour lui faire la guerre.
Pour dissiper leur ligue il n'a qu'à se montrer.
Il parle, et dans la poudre il les fait tous rentrer.
Au seul son de sa voix la mer fuit, le ciel tremble.
Il voit comme un néant tout l'univers ensemble.
Et les faibles mortels, vains jouets du trépas,
Sont tous devant ses yeux, comme s'ils n'étoient pas ».

Autre Exemple :

« Après avoir entendu ces paroles , je m'écriai : ô heureux jours ! douce lumière ! tu te montres enfin après tant d'années ! Je t'obéis, je pars après avoir salué ces lieux. Adieu cher Antre , adieu, Nymphe de ces prés humides , je n'entendrai plus le bruit sourd des vagues de cette mer. Adieu rivage où tant de fois j'ai souffert les injures de l'air. Adieu promontoires, où écho répéta

tant de fois mes gémissemens. Adieu douces
fontaines qui me fûtes si amères. Adieu , ô
terre de Lemnos, laisse moi partir, puisque
je vais où m'appelle la volonté des Dieux et
de mes amis ».

Autre Exemple :

« Chaste mère de l'innocence ,
Loi pure , tu n'es point l'ouvrage des mortels.
Le ciel t'a donné la naissance :
Tu dois avec les dieux partager nos autels.
Tu rends leurs honneurs immortels ;
Tu fais éclater leur puissance.
Loi divine , aimable loi ,
Ni le tems ni l'oubli , ne peuvent rien sur toi ».

Autre Exemple :

« Les membres d'une période doivent être
liés si étroitement, que les oreilles aperçoivent l'égalité des intervalles de la prononciation.
Le soin que l'on a de placer à propos le
repos de la voix dans les périodes, fait qu'elles
se prononcent sans peine. Nous avons remarqué que les choses les plus aisées à prononcer, sont aussi les plus agréables à l'oreille.
C'est cette raison qui oblige les orateurs à
parler périodiquement. C'est dans cette juste
mesure des intervalles où le sens finit, qu'il

paroît si un homme sait écrire. C'est le fin de l'art, de savoir couper les sens à propos, et de donner une juste étendue à leurs expressions. C'est autre chose d'écrire, que de parler ».

Autre Exemple :

« Chaque vertu devient une divinité ,
Minerve est la prudence , et Vénus la beauté.
Ce n'est plus la vapeur qui produit le tonnerre ,
C'est Jupiter armé pour effrayer la terre.
Un orage terrible aux yeux des matelots ,
C'est Neptune en fureur qui gourmande les flots.
Echo n'est plus un son qui dans l'air retentisse ,
C'est une nymphe en pleurs , qui se plaint de Narcisse ».

Autre Exemple :

« Approchez , mes enfans. Enfin l'heure est venue ,
Qu'il faut que mon secret éclate à votre vue ».

Autre Exemple :

« Les pensées ingénieuses doivent être regardées comme les yeux de l'éloquence. Or il ne faut pas que les yeux soient semés dans tous les endroits du corps , car les autres parties ne feroient plus leurs fonctions ».

Autre Exemple :

« Surtout qu'en vos écrits la langue révérée ,
Dans vos plus grands excès vous soit toujours sacrée.

En vain vous me frappez d'un son mélodieux,
Si le terme est impropre et le tour vicieux.
Mon esprit n'admet point un pompeux barbarisme,
Ni d'un vers ampoulé l'orgueilleux sollécisme.
Sans la langue, en un mot, l'auteur le plus divin,
Est toujours, quoiqu'il fasse, un méchant écrivain ».

Autre Exemple :

« La Providence est mon magasin. J'y trouve tous les secours dont j'ai besoin : elle ne m'a jamais manqué ».

Autre Exemple :

« De désir en regret, de regret en désir,
Les mortels insensés promènent leur folie.
Dans des malheurs présens, dans des biens à venir,
Nous ne vivons jamais, nous attendons la vie.
Demain, demain, dit-on, doit combler tous nos vœux ;
Demain vient et vous laisse encor plus malheureux.
Quelle est l'erreur, hélas ! du soin qui nous dévore !
Nul de nous ne voudroit recommencer son cours.
De nos premiers momens, nous maudissons l'aurore,
Et, de la nuit qui vient, nous attendons encore,
Ce qu'ont en vain promis les plus beaux de nos jours ».

Autre Exemple :

« La manière d'amplifier une pensée dépend du nom qu'on donne aux choses. Par exemple, lorsqu'en parlant d'un homme qui n'est que blessé, nous disons qu'il a été assassiné ; ou d'un méchant homme, que c'est un brigand ».

Autre Exemple :

« C'est en vain qu'au parnasse un téméraire auteur,
Pense, de l'art des vers, atteindre la hauteur.
S'ils ne sent point du ciel l'influence secrète,
Si son astre, en naissant, ne l'a formé poète,
Dans son génie étroit, il est toujours captif ;
Pour lui Phébus est sourd, et Pégase est rétif ».

Le Point a encore un autre emploi , c'est de marquer les abréviations ; mais il arrive souvent qu'alors on le place mal ; il doit toujours être après la dernière lettre supérieure du mot abrégé ;

EXEMPLE :

Au lieu de	mettez :
Mme	Mme.
Mlle	Mlle.
M.^{de}	M^{de}.
N.^{o}	N^{o}.

CHAPITRE VI.

Des Points Suspensifs et Elliptiques.

Les Points Suspensifs (....) sont de la même
forme et placés de même que le point final.
Ils ne diffèrent, dans la ponctuation, que par
leur nombre qui représente une suspension ou
interruption dans le sens.

EXEMPLE :

« Il m'est affreux, Seigneur de vous déplaire,
Excusez ma douleur .... non, j'oublie à la fois
Et tout ce que je suis et tout ce que je dois,
Je ne puis soutenir cet aspect qui me tue,
Je ne puis .... ah ! souffrez que loin de votre vue,
Seigneur, j'aille cacher mes larmes, mes ennuis,
Mes vœux, mon désespoir et l'horreur où je suis ».

Autre Exemple :

« En vérité, madame, il faut que je vous dise....
Que je suis fort surpris .... et que dans ma surprise....
Je trouve surprenant .... je ne m'attendois pas
A voir ce que je vois .... car enfin vos appas,
Quoiqu'un peu.... dérangés.... pourroient bien me confondre,
Si d'ailleurs .... par ma foi, je ne sais que répondre ».

Les Points Elliptiques marquent que l'on
abrège une citation.

EXEMPLE :

« Il est si vrai que ce n'est pas faute d'or-

ganes que les animaux ne parlent pas , qu'on
en connoît de plusieurs espèces auxquels on
apprend à répéter des mots , même des phrases assez longues, et peut-être y en auroit-il
un grand nombre d'autres auxquels on pourroit, si on vouloit s'en donner la peine, faire
articuler quelques sons * ; mais jamais on ne
peut parvenir à leur faire naître l'idée que
ces mots expriment...... C'est par la même
raison qu'ils n'inventent ni ne perfectionnent
rien...... S'ils étoient doués de la puissance
de réfléchir, même au plus petit degré, ils
seroient capables de quelque espèce de progrès, ils acquerreroient plus d'industrie : les
Castors d'aujourd'hui bâtiroient , avec plus
d'art et de solidité que ne bâtissoient les
premiers Castors ; l'Abeille perfectionneroit
encore tous les jours la cellule qu'elle habite...... ».

---

* M. Leibnitz fait mention d'un chien auquel on avoit appris
à prononcer quelques mots allemands et français. A Paris,
le chien à M. Fitzjames prononce très-distinctement *ma bonne
maman.*

Autre Exemple :

« Par ses divins accords, il (*Orphée*) s'ouvrit un passage......
Cerbère, à son approche, déploya sa fureur ;
Et Caron enchanté, sur la rive infernale,
Le reçut, sans effort, dans la barque fatale ».

Autre Exemple :

« L'âge d'or, âge heureux du monde en son enfance,
Vit fleurir l'équité, vécut dans l'innocence......
L'homme simple en ses mœurs, simple dans sa droiture,
Pour juge, avoit son cœur, et pour loi la nature......
La terre vierge encor, fertile sans culture,
Du soc qui la déchire ignoroit la blessure......
Le printems régnoit seul, l'haleine des zéphirs
Caressoit mollement les fleurs dont la nature
D'elle-même et sans soins, émailloit la verdure ».

Autre Exemple :

« ......Est-ce parce que je parle ; que tu
juges que j'ai du sentiment, de la mémoire,
des idées ? Eh bien! je ne te parle pas. Tu
me vois entrer chez moi l'air affligé, chercher
un papier avec inquiétude, ouvrir le bureau
où je me souviens de l'avoir enfermé, le
trouver, le lire avec joie ; tu juges que j'ai
éprouvé le sentiment de l'affliction et celui
du plaisir, que j'ai de la mémoire et de la
connoissance...... Porte ce même jugement
sur ce chien qui a perdu son maître, qui l'a

cherché dans tous les lieux, avec des cris
douloureux, qui entre dans la maison, agité,
inquiet, qui descend, qui monte, qui va de
chambre en chambre, qui trouve enfin, dans
son cabinet le maître qu'il aime, et qui lui
témoigne sa joie, par la douceur de ses cris,
par ses sauts ; par ses caresses...... Des
barbares saisissent ce chien, qui l'emporte si
prodigieusement sur l'homme en amitié, ils
le clouent sur une table, ils le disséquent
vivant pour te montrer les veines mézéraï-
ques. Tu découvres en lui les mêmes organes
du sentiment qui sont en toi. Réponds-moi,
machiniste ? ...... La nature a-t-elle arrangé
tous les ressorts du sentiment dans cet animal afin qu'il ne sente pas ? A-t-il des nerfs
pour être impassible? Ne suppose point cette
impertinente contradiction de la Nature ...... ».

Autre Exemple :

« Toi que l'amour fit par un crime,
Et que l'honneur détruit par un crime à son tour ,
Funeste ouvrage de l'amour,
De l'honneur funeste victime.

. . . .
. . . .

Deux tyrans opposés ont décidé ton sort :
L'amour, malgré l'honneur, te fis donner la vie,
L'honneur, malgré l'amour, te fait donner la mort ».

Autre Exemple :

« Un paon muoit ; un geai prit son plumage.
. . . .
Il est assez de geais à deux pieds comme lui,
Qui se parent souvent des dépouilles d'autrui ».

Autre Exemple :

« . . . .
Art charmant ! tou pouvoir s'étend sur la mort même :
Le poète, au cercueil, ravit l'objet qu'il aime ;
Young chante la mort, et ne sent plus ses maux ;
Il converse avec elle au milieu des tombeaux......
O prodige ! ses chants ont animé la cendre,
Il retrouve Narcisse, il embrasse Philandre,
Et Lucie enlevée à ses vœux les plus chers,
Pour lui seul n'est point morte, et revit dans ses vers ».

●●●●●●○○○○○●●●●●○○○○●●●●●●○○○○○●●●●●●●

CHAPITRE VII.

Du Point Interrogatif.

Le Point Interrogatif (?) sert , comme
son nom l'indique assez, à désigner les phrases ou portions de phrases qui sont interrogatives.

EXEMPLE:

« Nous avons la conscience de nos facultés ;
mais en connoissons-nous la nature ? Nous
avons le sentiment de nos idées , mais avons-
nous l'idée du sentiment ? Avons-nous même
celle du pouvoir qui forme et qui lie toutes
nos idées ? Peut-il donc nous appartenir
d'organiser , à fantaisie , la raison humaine ,
et de sonder les ressorts cachés qui la constituent ? Nous avons des sensations ; donc
nous avons la faculté de sentir. Nous avons
des volontés ; donc nous avons la puissance
de vouloir. Nous avons des idées de conception ; donc nous avons la faculté de penser
et de concevoir. Mais dire que parmi ces
conceptions et ces idées , il en est qui ne

I

sont point acquises et qui font partie de la
constitution légale et fondamentale de notre
être , c'est faire une hypothèse arbitraire.
Or pourquoi recourir à des hypothèses , quand
on peut utilement consulter l'expérience ?
Pourquoi recourir, surtout, à des hypothèses
que l'expérience dément ? »

Autre Exemple :

« Mais où m'égare mon délire ?
Pourrai-je cacher mon ardeur ?
Oui, je t'aime , et j'ose le dire,
Ce secret pesoit à mon cœur ».

Autre Exemple :

« Quand pour connoître ma place individuelle dans mon espèce , j'en considère les
divers rangs et les hommes qui les remplissent , que deviens-je ? Quel spectacle ! Où est
l'ordre que j'avois observé ? Le tableau de
la Nature ne m'offroit qu'harmonie et proportion, celui du genre humain ne m'offre
que confusion et désordre ! Le concert qui
règne entre les élémens et les hommes sont
dans le chaos ! Les animaux sont heureux ,
leur roi seul est misérable. O sagesse ! où
sont tes lois ? O Providence ! est-ce ainsi

que tu régis le monde ? Etre bienfaisant ;
qu'est devenu ton pouvoir ? »

Autre Exemple :

« Quant aux volontés souveraines
De celui qui fait tout et rien qu'avec dessein ,
Qui les sa t que lui seul ? Comment lire en son sein ? »

Autre Exemple :

« L'homme a-t-il toujours existé ? L'es‑
pèce humaine, a-t-elle été produite de toute
éternité ? Y a-t-il eu de tout tems des hom‑
mes semblables à nous , et y en aura-t-il
toujours ? Y a-t-il eu de tout tems des
mâles et des femelles ? Y a-t-il eu un pre‑
mier homme dont tous les autres sont des‑
cendus ? L'animal a-t-il été antérieur à l'œuf,
ou l'œuf a-t-il précédé l'animal ? Les espèces
sans commencement seront-elles aussi sans
fin ? Les espèces sont-elles indestructibles ,
ou passent — elles comme les individus ?
L'homme a-t-il toujours été ce qu'il est, ou
bien, avant de parvenir à l'état où nous le
voyons , a-t-il été obligé de passer par une
infinité de développemens successifs ? L'homme
peut-il enfin se flatter d'être parvenu à un

état fixe, ou bien l'espèce humaine doit-elle
encore changer ? »

~

On ne doit point mettre de point interrogant , si la phrase interrogative n'est pas
directe, et la ponctuation doit se régler sur
la proposition principale dans laquelle celle-ci
n'est qu'incidente.

E x e m p l e :

« Mentor demande ensuite à Idoménée
qu'elle étoit la conduite de Protésilas dans
ce changement des affaires ».

●●●●●●●●●●●●●●●●●●●●●●●●●●●●●●●●●●●

CHAPITRE VIII.

Du Point Admiratif.

Le Point Admiratif ou Exclamatif (!), est le signe de l'exclamation ; il se place après les phrases ou portions de phrases qui expriment la surprise, la terreur, la pitié, la tendresse, ou quelque autre sentiment affectueux que ce puisse être *.

Ce signe ne veut après lui une majuscule que lorsqu'il termine un sens complet.

On a remarqué que la tragédie et l'élégie emploient plus souvent l'exclamation *Eh !* ; mais que dans la comédie, la fable, le style familier, on fait un plus grand usage de l'interjection *Hé !.*

Les exemples suivans donneront une juste idée de l'emploi du point admiratif.

---

* Il devroit y avoir deux signes différens d'exclamation ; un pour marquer l'*etonnement* (!), et un pour désigner la *douleur* (!).

EXEMPLE:

« O mon fils ! ô ma joie ! ô l'honneur de mes jours !
O d'un Etat penchant l'inespéré secours !
Vertu digne de Rome , et sang digne d'Horace !
Appui de ton pays et gloire de ta race ! »

Autre Exemple :

« O tendre illusion ! aimable enchanteresse !
Ne m'abandonne pas , sois toujours ma déesse :
Toi, qui souris encore à mes dix-huit printems ,
Exauce ma prière, et trompe-moi longtems !
Tu rends par tes bienfaits la nature féconde ,
Et le ciel te créa pour embellir le monde ;
Sans toi, tout est détruit, tout s'abîme et se perd ;
Mon œil désenchanté ne voit plus qu'un désert.
Tu viens nous consoler au jour de l'infortune ;
Tu caches de nos maux la présence importune ,
Et, nous berçant encore d'une flatteuse erreur,
Quelques instans du moins, nous fais croire au bonheur ».

Autre Exemple :

« Que les sages sont en petit nombre ! qu'il
est rare d'en trouver ! »

Autre Exemple :

« Mais il paroit...... grand Dieu ! qu'il a de grace !
Ai-je un moyen de ne lui pas céder ?
Ah ! qu'à mes pieds il demande sa grace !
Je sens mon cœur tout prêt à l'accorder ».

Autre Exemple :

« O que les Souverains sont à plaindre !
ô que ceux qui les servent sont dignes de

compassion ! s'ils sont méchants ; combien
font-ils souffrir les hommes , et quels tourmens leur sont réservés dans le noir Tartare !
s'ils sont bons , quelles difficultés n'ont-ils
pas à vaincre ! quels piéges à éviter ! que de
maux à souffrir !..... »

Autre Exemple :

« Moi, (*Junon*) l'épouse et la sœur du maître du tonnerre !
Moi, la reine des dieux, du ciel et de la terre !
Ah ! périsse ma gloire, et faisons voir à tous
Que ces dieux si puissans ne sont rien devant nous ».

Autre Exemple :

« Moment fatal pour tant de pauvres dont
elle étoit la protectrice et la mère ! Moment
heureux pour elle qui entroit en possession de
l'éternité ! Moment triste , mais utile pour
nous, si nous apprenons à vivre et mourir
comme elle ! »

Autre Exemple :

« Moi, jalouse ! Et Thésée est celui que j'implore !
Mon Epoux est vivant , et moi je brûle encore ! »

Autre Exemple :

« Mais vous n'arrêtez point. Que d'affreuses allarmes !
N'êtes-vous plus sensible à des transports si doux !
Ma voix pour mon amant n'a-t-elle plus de charmes !
Chère ombre de Tirsis, hélas ! où fuyez vous ? »

●●●

CHAPITRE IX.

Des Guillemets.

Le Guillemet («) a été, dit-on, ainsi appelé du nom de celui qui le grava et s'en
servit le premier. On l'emploie pour distinguer dans le discours, certains passages plus
ou moins étendus que l'on emprunte d'ailleurs
et que l'on y insère ; mais on varie dans la
manière de les tourner et de les placer. Les uns
les emploient comme les virgules (,,) ; les
autres les retournent («), pour ne les pas
confondre avec les virgules ; d'autre les 'emploient de l'une et l'autre façons comme les
parenthèses, distinguant Guillemet ouvert («)
et Guillemet fermé (») *.

---

* Un Grammairien , compare , les *Guillemets* à des
Guillochis (sortes de traits entrelacés les uns dans les
autres, dont les dessins conviennent également aux parterres
comme aux bosquets), et dit, dans son oblongue Grammaire : *on met un Guillemet ouvrant devant le premier
mot, et un Guillemet fermant, au commencement de chaque
ligne , et après le dernier mot.* Il donne , comme exemple
frappant (page 304 de sa Grammaire), un passage non interrompu, où il ouvre le premier Guillemet ; ferme le second ;

Il est assez évident que cette dernière
méthode est la meilleure, et que l'ouverture
doit continuer depuis le premier jusqu'au
dernier, qui seul doit être fermé. C'est la
pratique la plus naturelle , puisqu'ils remplacent les parenthèses dont se servoient les
anciens.

Lorsque dans la phrase ou discours guil-
lemeté, il se trouve quelque citation particu-
lière, on la souligne pour être spécialement
remarquée.

Après avoir adopté le sens du Guillemet,

r'ouvre le troisième , et ferme irrévocablement les autres , et
page 318, tous les Guillemets sont fermés, sans aucune res-
triction. Ce Grammairien est en contradiction avec lui-
même. Il est bon d'observer que cette *erreur* n'existe même
pas dans *Fléchier*, qu'il donne pour exemple. Il ne devroit
pas ignorer que « le Guillemet a été créé pour faire remar-
« quer , dans un ouvrage , une *citation* , et qu'il ne doit
« être fermé qu'à la fin de cette même *citation* ».

      « Il est certains esprits qu'il faut prendre de biais,
      « Et qu'en heurtant de front , l'on ne gagne jamais ».
                  Regnard.

   Guillemet ouvert , «

   Guillemet fermé »

K

plusieurs auteurs en font trois sortes d'usage :
le premier est de l'ouvrir à chaque ligne
depuis le commencement d'un alinéa jusqu'à
la fin ; le second , est de l'ouvrir à l'alinéa
et de le fermer à la fin , c'est-à-dire , n'en
employer que deux , un ouvert, l'autre fermé ;
le troisième , de l'ouvrir au premier alinéa
et de le fermer à la fin du dernier alinéa de
l'article ou du chapitre.

E X E M P L E :

« Il y a un beau universel , comme il y a
« une raison commune. Le beau n'est point
« une idée simple , ni un sentiment isolé :
« c'est le résultat de tout ce qui plaît le plus
« généralement. Partout on préfère la lu-
« mière aux ténèbres , l'ordre à la confusion,
« la variété à la monotonie, le mouvement
« à la langueur. On aime à retrouver dans
« les ouvrages de la nature , comme dans
« ceux de l'art, une certaine symétrie, un
« certain balancement, un certain équilibre.
« En toutes choses, on répugne aux opéra-
« tions vagues ; toute action qui nous paroît
« sans but , nous laisse sans intérêt. Dans

« tout ouvrage , dans toute entreprise quel-
« conque , on admire l'accord bien combiné
« des moyens avec la fin. Partout on con-
« noît l'amour , l'amitié, la commisération.
« Partout on fait cas de l'adresse, de la force,
« du *courage*. Partout la douceur est tou-
« chante , la colère impétueuse , et la sagesse
« tranquille. Partout l'éloquence doit être
« persuasive ; la poésie cadencée, la musique
« mélodieuse, la sculpture saillante , la pein-
« ture fidèle , et l'architecture régulière et
« solide. Partout les hommes avides de
« découvertes et de jouissances, aiment tout
« ce qui les flatte, tout ce qui les surprend ,
« tout ce qui les étonne , tout ce qui les
« émeut. Tels sont les principes universels du
« beau ; tels sont même , sous plus d'un rap-
« port, les principes universels du bon, qui,
« selon la remarque de quelques écrivains,
« n'est peut-être que le beau mis en action ».

Autre Exemple:

« Là, gît le grand Ajax et l'invincible Achille ;
Là, de ses ans Patrocle a vu borner le cours ,
Là, mon fils, mon cher fils a terminé ses jours ».

Autre Exemple :

« Une femme de Sicyone , outrée de ce qu'un second mari et le fils qu'elle en avoit eu , venoient de mettre à mort un fils de grande espérance qui lui restoit de son premier époux, prit le partit de les empoisonner. Elle fut traduite devant plusieurs tribunaux, qui n'osèrent ni la condamner ni l'absoudre. L'affaire fut portée à l'aréopage, qui après un long examen, ordonna aux parties de comparoître dans cent ans ».

Autre Exemple :

Amour seul en un bosquet ,
Vit une rose vermeille ;
Une abeille y reposoit ;
Il ne vit point cette abeille ;
Il y touche : elle s'éveille ,
Pousse son dard , et soudain
Le punit de son larcin.
Cupidon se désespère,
Et court en pleurs à sa mère
Lui raconter ses malheurs :
« Je suis perdu, je me meurs !
« D'un petit serpent qui vole
« La piqûre me désole ; —
« Je succombe à mes douleurs ».
Vénus ainsi le console :
« Mon fils, si de tels regrets
« Sont l'effet d'une piqûre,
« Quels maux penses-tu qu'endure
« Un cœur percé de tes traits ».

Autre Exemple :

« Hélas ! ma chère enfant , il y a plus
d'un an que je vous ai vue : je sens vivement
cette absence ; et vous , ma fille , n'y pensez-
vous point quelquefois un petit moment ?

Je m'en vais dans un lieu où je penserai à
vous sans cesse, et peut-être trop tendrement. Il
est bien difficile que je revoie ce lieu , ce
jardin , ces allées , ce petit pont, cette ave-
nue , cette prairie, ce moulin , cette petite
vue, cette forêt , sans penser à ma très-chère
enfant.

Adieu, ma chère enfant , vous dirai-je que
je vous aime ? Il me semble que c'est une
chose inutile. Vous le croyez assurément ».

⊙⊙⊙⊙⊙⊙⊙⊙⊙⊙⊙⊙⊙⊙⊙⊙⊙⊙⊙⊙⊙⊙⊙⊙⊙⊙⊙⊙⊙⊙⊙⊙⊙⊙⊙⊙⊙

CHAPITRE X.

De la *Division* ou *Trait-d'union.*

Le signe que l'on appèle *Division* (-);
sert à diviser les mots à la fin des lignes, mais
on peut le nomme aussi *Trait-d'union* lorsqu'il unis deux ou trois mots, qui, pour ainsi-
dire, n'en forment qu'un, comme : avant-
hier, avant – propos, c'est – à – dire, tout–à–
fait; vis–à–vis, etc., et après le mot *très*, par-
ticule augmentative. De même encore, quelquefois lorsque le verbe est à la troisième personne du singulier, et qu'il a pour finale
un *a* ou un *e* muet, le Trait-d'union se dou-
ble alors de cette manière : *pense–t–il à votre affaire? Viendra–t–il avec moi? etc.* D'autres mettent l'apostrophe après le *t* dans les phrases interrogatives, comme *avance–t'il? ira-
t'elle? etc.*, etc; c'est une sorte d'abus parce qu'il n'y a point ici de voyelle suppri-
mée, donc point d'*élision*. Le *t*, dans ces phrases, est une lettre purement euphonique qu'on insère entre deux mots, pour éviter la rencontre de deux voyelles : on doit donc em-

ployer le Trait – d'union et mettre : *avan-*
ce—t—elle ? ira—t—il ? etc.

L'on ne fait point de différence entre la *Di-*
vision, proprement dite, et le *Trait–d'u-*
nion ; cependant l'emploi de ces deux signes est bien différent : l'un sert à couper un mot en deux, et l'autre à en réunir plusieurs ; on pourroit, dans ce dernier cas, mettre ce signe — pour Trait–d'u-
nion, et celui–là = pour Division.

CHAPITRE XI.

De l'Apostrophe.

L'Apostrophe (') a été inventée pour marquer l'élision ou suppression d'une voyelle finale, et aider à la ponctuation.

Il n'y a que les trois voyelles *a*, *e*, *i*, qui puissent être supprimées et remplacées par l'*Apostrophe.*

Nous n'avons, cependant, que treize mots qui soient susceptibles de cette suppression ; un terminé en *a* ; onze en *e*, et un en *i* ; qui sont : *la* ; *le*, *je*, *me*, *te*, *ce*, *se*, *de*, *ne*, *que*, *entre*, *grande*. Il ne reste plus que la conjonction *si*, dont on ne supprime la voyelle que devant *il* et *ils* : s'*IL consent*, *IL* s'*Y est trouvé*, s'*ILS approchent* ; mais il n'y a point d'élision à cette conjonction : *SI elle consent.*

CHAPITRE XII.

Des Parenthèses.

Les Parenthèses ( ) servent à renfermer quelques parties qui appartiennent au discours, mais qui en interrompent la suite, ou quelques mots qu'on insère dans un discours et qui ne lui appartiennent pas.

En général, les Parenthèses servent à renfermer tout ce qui est étranger au discours dans lequel elles se trouvent, et qu'on peut retrancher sans rien changer au sens.

EXEMPLE:

« Josabet (Tragédie d'Athalie), raconte au Grand-Prêtre comment elle avoit arraché Joas tout sanglant, des bras des meurtriers »,

Autre Exemple :

« J'ai vu, sans mourir de douleur,
J'ai vu (siècles futurs vous ne pourrez le croire!)
Ah! j'en frémis encor de dépit et d'horreur;
J'ai vu mon verre plein, et je n'ai pû le boire ».

L

Autre Exemple :

« Je veux bien avouer de lui (de Charles I, roi d'Angleterre), ce qu'un auteur célèbre a dit de César, qu'il a été clément jusqu'à être obligé de s'en repentir ».

Autre Exemple :

« Un Loup rempli d'humanité,
(Si l'on en trouve dans le monde),
Fit, un jour, sur sa cruauté,
Quoiqu'il ne l'exerçât que par nécessité,
Cette réflexion profonde :
Je suis haï, je le sais, de chacun,
En moi l'homme voit toujours l'ennemi commun ».

Autre Exemple :

« Que j'ai pitié de vous (disoit ce sage vieillard à Télémaque), votre passion est si furieuse que vous ne la sentez pas ».

CHAPITRE XIII.

Du Tiret.

Le *Tiret* (———) qu'on nomme aussi *Moins,* sert à remplacer les interlocuteurs, et par-conséquent les mots *dit-il*, *dit-elle*, *reprit-il,* *etc.*, qui arrêtent la marche du dialogue.

On est dans l'usage de le représenter ainsi ;

E X E M P L E :

« — Eh ! quoi, Zulmis, cette lettre si tendre ?...
— N'est qu'un extrait d'un ouvrage récent.
— Mais ce poison qu'un jour vous vouliez prendre ?
— Autant que vous il étoit innocent.
— A mon départ vos mortels alarmes ?
— On s'embellit à se désespérer.
— Vos maux de nerfs ?.. — Bagatelle. — Vos larmes ?...
— En s'exerçant, on apprend à pleurer ».

Autre Exemple :

« As-tu vu le petit Mercure ? comme il est beau , comme il sourit à tout le monde ! Il fait assez voir ce qu'il sera un jour, quoique ce ne soit encore qu'un enfant. — L'appelles-tu enfant, lui qui est plus vieux que Japhet en malice. — Quel mal peut-il avoir fait ? il ne fait encore que de naître. — Demandes-le à

Neptune , dont il a emporté le trident ; à Mars, de qui il a pris l'épée ; sans parler de moi (*Apollon*) dont il a dérobbé l'arc et les flèches. — Quoi ! un enfant encore au maillot ? — Tu verras ce qu'il sait faire, s'il t'approche ».

Autre Exemple :

« Debout, dit l'Avarice, il est tems de marcher. —
Eh, laisse-moi.—Debout.—Un moment.—Tu repliques ? —
A peine le soleil fait ouvrir les boutiques. —
N'importe, lève-toi.— Pourquoi faire, après tout ? —
Pour courir l'océan de l'un à l'autre bout.
Chercher jusqu'au Japon, la porcelaine et l'ambre,
Rapporter de Goa le poivre et le gingembre. —
Mais j'ai des biens en foule , et je puis m'en passer. —
On n'en peut trop avoir, ... ».

CHAPÎTRE XIV.

De l'Astérisque.

L'Astérisque (*) marque les pauses du chant , dans les Livres d'Eglise. Elle indique quelquefois des Notes qui, se mettent au bas des pages.

·●●

CHAPITRE XV.

Du Paragraphe.

Le Paragraphe (§) n'est en usage que dans les grands ouvrages. Il sert à diviser et subdiviser un ouvrage de longue haleine.

●●●●●●●●●●●●●●●●●●●●●●●●●●●●●●●●●●●●●●●

CHAPITRE XVI.

De l'Alinéa.

L'Alinéa, quoique ne faisant pas partie de la ponctuation, aide à distinguer le sens du discours. La nouvelle ligne que l'on commence après plusieurs sens complets et finis, fait voir que ce que l'on va exprimer, n'a de liaison avec ce qui précède, que par l'enchaînement ou la convenance de la matière. L'on s'en sert, lorsque l'on veut faire remarquer les divers objets que l'on traite, les différentes considérations qu'on peut faire ; en un mot, on en fait usage toutes les fois que cette sorte d'indication peut contribuer à la netteté du discours (1).

---

(1) L'Alinéa, dit Domergue, est le dernier échelon de la gradation du sens ; on y respire plus longtems qu'au point même. Il rompt la monotonie des lignes, repose la vue, délasse l'esprit, et donne à l'écriture plus de netteté, de saillant et de grace.

EXEMPLE:

« C'est à la raison qu'il appartient de réduire en corps de doctrine, ce que les particuliers se doivent entr'eux, ce qu'ils doivent à la société, et ce que la société doit aux particuliers.

On ne se réunit que pour se soutenir et pour se défendre. La garantie des propriétés et des personnes est donc à-la-fois, le principe et la fin de l'association.

La société doit à tous ses membres des lois impartiales et justes. Les lois existent pour les hommes, et non les hommes pour les lois.

La jurisdiction des gouvernemens ne doit être qu'un pouvoir de protection et d'administration ; car elle a été établie, selon Montaigne, non *en faveur des juridicians, mais, en faveur des juridiciés.*

L'utilité publique sur laquelle les gouvernemens sont chargés de veiller, est le bien de tous les individus qui composent une nation.

Il n'y a point de bien sans mélange de mal. Il n'y a point de mal dont il ne puisse résulter quelque bien. Ce qui nuit aux uns sert aux autres.

Comme le premier bien est de ne pas souffrir, le premier précepte est de ne point
faire de mal.

La justice est la vraie bienfaisance des
gouvernemens ; elle est la vertu des Empires,
et cette vertu peut être regardée comme la
clé de la voûte, dans le grand édifice de la
société ».

Il seroit peut-être nécessaire de renfoncer,
à des distances quelconques, les Alinéa, pour
faire connoître ceux qui tiennent plus ou
moins ensemble.

En logique, un sorite est une suite de propositions et énumératives dépendantes immédiatement les unes des autres, jusqu'à la
dernière qui en est la conséquence naturelle ;
tel est le suivant :

« Les ambitieux sont pleins de désirs et
de craintes ;

Ceux qui sont pleins de désirs et de craintes,
éprouvent un tourment continuel ;

M

Ceux qui éprouvent un tourment continuel, ne jouissent d'aucun repos ;

Ceux qui ne jouissent d'aucun repos, ne
peuvent être heureux ;

Donc les ambitieux ne sont pas heureux ».

On voit que toutes ces propositions sont
enchaînées successivement, et que la dernière
en est la juste conséquence.

Dumarsais, dans sa logique, rapporte pour
modèle d'un faux sorite, celui de Bergerac ;
le voici :

« L'Europe est la plus belle partie du
monde ;

La France est le plus beau royaume de
l'Europe ;

Paris est la plus belle ville de la France ;

Le collége de Beauvais est le plus beau
collége de Paris ;

Ma chambre est la plus belle chambre
du collége de Beauvais ;

Je suis le plus bel homme de ma chambre ;

Donc je suis le plus bel homme du monde ».

Ce raisonnement, dit Dumarsais, n'est composé que de propositions, qui ne sont, chacune séparément, qu'autant de propositions particulières, dont l'une n'explique pas l'autre, et dont aucune ne contient la conséquence.

CHAPITRE XVII.

Phrases ponctuées de deux manières.

Premier Exemple.

Première manière.

« Aux yeux d'un nain, tout est géant quand on parle du beau, du joli, du gracieux, du sublime. Il faut bien prendre garde d'attribuer aux choses, ce qui ne tient souvent qu'à la situation de notre ame ou aux limites de notre esprit, ou de ne pas attribuer à la situation de notre ame, ou aux limites de notre esprit, ce qui tient réellement aux choses ».

Autre manière.

« *Aux yeux d'un nain, tout est géant.* Quand on parle du beau, du joli, du gracieux, du sublime, il faut bien prendre garde d'attribuer aux choses, ce qui ne tient souvent qu'à la situation de notre ame ou aux limites de notre esprit, ou de ne pas attribuer à la situation de notre ame, ou aux limites de notre esprit, ce qui tient réellement aux choses ».

Second Exemple.

Première manière.

« Le musicien se jette dans les difficultés,
le peintre dans le maniéré, et l'architecte dans
un absurde mélange de grec, de gothique et
de chinois, comme dans la société. L'expression du sentiment est mise à la place du sentiment même : sur le théâtre, l'esprit remplit
toujours l'office du cœur dans les pièces de
Marivaux, de Dorat et de tant d'autres auteurs.
Les maximes sont réduites en épigrammes et
les sentimens en maximes ».

Autre manière.

« Le musicien se jette dans les difficultés,
le peintre dans le maniéré, et l'architecte dans
un absurde mélange de grec, de gothique et
de chinois. Comme dans la société, l'expression du sentiment est mise à la place du
sentiment même, sur le théâtre l'esprit remplit toujours l'office du cœur. Dans les pièces
de Marivaux, de Dorat et de tant d'autres
auteurs, les maximes sont réduites en épigrammes, et les sentimens en maximes ».

Troisième Exemple.

« Les mœurs et les événemens changent à leur tour, avec les idées, selon les pensées déterminantes d'un siècle. L'esprit prend une certaine direction et, alors les grands talens que la nature produit, tendent vers cette direction commune : les arts et les lettres ne dégénérent pas ».

Autre manière.

« Les mœurs et les événemens changent, à leur tour, avec les idées. Selon les pensées déterminantes, d'un siècle, l'esprit prend une certaine direction, et alors les grands talens que la nature produit, tendent vers cette direction commune. Les arts et les lettres ne dégénérent pas ».

Quatrième Exemple.

Première manière.

« Buffon a peint dignement la majesté de la nature ; Bailly, d'Alembert, Hume, Ferguson et tant d'autres ont porté dans des sciences abstraites, la pureté et l'élégance du style dans tous les ouvrages de discussion. On a réussi à se rendre agréable pour se rendre plus utile les mémoires des voyageurs, etc ». .

Autre manière.

« Buffon a peint dignement la majesté de la Nature. Bailly, d'Alembert, Hume, Ferguson, et tant d'autres, ont porté dans des sciences abstraites, la pureté et l'élégance du style. Dans tous les ouvrages de discussion, on a réussi à se rendre agréable, pour se rendre plus utile. Les mémoires des voyageurs, etc. ».

EXEMPLE A PONCTUER.

Quánd pour connoître ma place individuelle dans mon espèce j'en considère les divers rangs et les hommes qui les remplissent que deviens-je Quel spectacle Où est l'ordre que j'avois observé Le tableau de la nature ne m'offroit qu'harmonie et proportion celui du genre humain ne m'offre que confusion et désordre Le concert qui règne entre les élémens et les hommes sont dans le chaos Les animaux sont heureux leur roi seul est misérable O sagesse où sont tes lois O Providence est-ce ainsi que tu régis le monde Etre bienfaisant qu'est devenu ton pouvoir

PHRASES

Ponctuées de manière à faire sentir la diction
et le rapport grammatical des mots.

PREMIÈRE PHRASE.

L'Art de parler et d'écrire.

« Dans une nation gaie et essentiellement sociable comme la
nation française, l'esprit, l'imagination et le sentiment, perpé‑
tuellement mis en jeu par toutes les petites combinaisons utiles
et agréables qui peuvent rapprocher les hommes, ont dû faire
des efforts incroyables pour multiplier les signes de communi‑
cation. Le nombre de ces signes s'est subitement proportionné
à celui des besoins. L'art de parler s'est développé avec l'art de
plaire. La politesse du langage et celle des manières ont marché
de pair. Le génie, aidé de l'esprit de société, a bien plus deviné
la perfection, qu'il n'a eu la peine de l'atteindre.

En Angleterre, où cet esprit de société existoit moins, les
progrès de la langue nationale ont été plus lents. Dans l'Alle‑
magne, il a été long‑tems impossible d'avoir une langue com‑
mune. Ce qu'on appeloit l'*Allemand*, n'étoit qu'un mélange in‑
forme d'idiômes particuliers qui, malgré ce qu'ils avoient de
semblable, différoient encore trop pour qu'on pût espérer d'en
former une même langue. Aussi, jusques vers le milieu du 18.ᵉ
siècle, les savans d'Allemagne n'ont‑ils écrit qu'en latin ou en
français. Le français étoit devenu la langue universelle du nord de
l'Europe. On étudioit ensuite l'anglais pour les sciences ; mais,

O

presque jusqu'à nos jours, on n'a étudié l'allemand que pour la guerre.

Partout les arts et les sciences, absolument nécessaires, ont déjà fait des progrès lorsque les graces et les règles de la diction ou du style sont encore à naître ; mais partout aussi, la langue s'épure, et la masse des hommes se polit plus ou moins promptement à mesure que les esprits s'éclairent. Il n'y a que l'Allemagne qui, par un certain concours de circonstances, s'est éclairée long-temps avant que de se polir. C'est ce qui explique pourquoi, dans cette vaste contrée, les mœurs, les coutumes et les vertus antiques n'étoient point affoiblies par les connoissances nouvelles ; pourquoi les hommes y étoient si instruits tandis que leur langue demeuroit si informe ; enfin, pourquoi on y a compté tant de savans, tant de philosophes, avant de pouvoir y compter un seul littérateur. Les allemands, chez qui des obstacles de toute espèce retardoient les progrès de leur langue naturelle, furent forcés, pour mettre à profit leurs lumières acquises, de recourir à des langues faites. Le français fut naturalisé dans toutes les cours. Frédéric le Grand, roi de Prusse, avoit toujours dédaigné de parler de sa propre langue ; il ne la connoissoit même pas.

Quand une langue est formée, l'art de la parole et de l'écriture est le plus étendu, le plus beau, et le plus puissant de tous les arts. Avec des mots, il produit des idées, des images et des sentimens. Les mots n'ont aucune force par eux-mêmes, ils n'en ont que par le souvenir du sens qui y est attaché ; mais ce souvenir est si rapide que chaque mot agit presqu'aussi promptement sur nous, que la chose même dont il n'est que l'expression. Avec des mots, on peint tout ce qui est ; on réalise ce qui n'est pas ; on crée un monde intellectuel au milieu du monde visible ; on rend sensible ce que l'œil ne peut voir, ce que l'oreille ne peut entendre, ce qu'aucun de nos sens ne peut saisir.

Tous les objets rendus flexibles et mobiles sous l'empire de l'imagination qui les modifie, les façonne, les place et les déplace à son gré, s'accroissent de toutes les choses accessoires qui viennent s'y mêler ; et, en tout, une sorte de beau idéal, qui est le miracle de l'art, environne, décore et fait ressortir les beautés réelles de la nature. Enfin, avec des mots, on éclaire, on attendrit, on exalte : j'en atteste les effets de l'éloquence et de la poésie. Quel homme qu'un Démosthène qui commande à tant d'autres hommes ! L'ame d'Homère ne passoit-elle pas toute entière dans celle de l'immense multitude qui entendoit chanter et réciter les vers de ce poète ?

Mais l'usage des mots a besoin d'être dirigé par une saine philosophie. C'est elle qui nous apprend qu'un poème, qu'un discours est un tout, dont chaque mot doit indiquer une idée, et chaque phrase un sentiment, un rapport, ou un jugement ; un tout, dans lequel l'ordre des sentimens et des idées doit régir celui des phrases et des mots ; un tout, dont toutes les parties doivent fidèlement concourir à un résultat commun. On est sans doute étonné que des règles aussi simples n'aient pas toujours été reconnues et pratiquées. Il est pourtant vrai que l'ordre, la justesse, la précision et l'ensemble sont précisément ce qui manque aux premières productions du génie. A côté des plus grandes idées et des plus belles images, on trouve dans Milton, des digressions savantes, oiseuses et du plus mauvais goût. Dans le barreau de France, on ne raisonnoit point, on ne savoit pas discourir avec suite, avant Patru. Cochin est le premier orateur qui ait fait retentir nos tribunaux.

Si l'arrangement, la méthode, et le fond des idées, sont des choses essentielles dans un ouvrage, l'heureux choix des expressions en est le principal ornement. Or, pour ce choix, il est nécessaire de connoître la métaphysique de la langue dans la-

quelle on parle et on écrit. Je sais que chaque idée, fortement
conçue, est, pour ainsi-dire, aimantée, et attire à elle
l'expression la plus convenable ; mais il faut que les matériaux
soient sous la main de l'écrivain et de l'orateur, pour que cette
puissance d'attraction s'exerce efficacement. Des idées mal ren-
dues sont des rayons de lumière que de petits corps opaques
croisent dans leur route. Or, n'est-ce pas la philosophie qui
nous a mis en possession de toutes nos richesses de signes, en
nous apprenant à classer les mots, à discerner ceux qui désignent
les choses et ceux qui n'en marquent que les nuances, à distinguer, dans chaque mot, le sens propre, qui n'est que sa signification originaire et primitive, le sens figuré qui se vérifie lorsqu'on transporte à un objet spirituel, une expression naturellement applicable à un objet sensible, ou quand on transporte à
un objet sensible, une expression naturellement applicable à
un objet intellectuel, et le sens analogique qui se vérifie, par
exemple, lorsque, parlant de *l'éclat de la lumière et de l'éclat
des sons*, nous transportons au sens de l'ouie, une expression
originairement faite pour celui de la vue ? N'est-ce pas la philosophie qui a découvert cette espèce de commerce d'importa-
tion qui se fait journellement, dans les ouvrages de littérature,
de certains mots qui n'avoient d'abord été consacrés qu'aux
sciences ? N'est-ce pas elle qui, en nous éclairant par des observations délicates sur la manière dont les différens mots, simples ou abstraits, agissent sur nous par leur son ou par leur
signification, nous a appris à user de toutes nos forces et de toutes
nos ressources ? Ne sommes-nous pas redevables à la philosophie, des *synonimes* de l'abbé Girard ? n'a-t-elle pas fourni
l'idée du *nouveau dictionnaire de la langue française*, annoncé
par Rivarol, au nom d'une société d'hommes de lettres, et
dans lequel on se propose de marquer, avec soin, toutes les nuances possibles des différens sens dans lesquels une même expression peut être présentée, et la manière dont ces différens sens

sont venus les uns des autres ? Un dictionnaire aussi utile ne
devroit—il pas exister dans toutes les langues ? ne nous manifes—
teroit—il pas la marche graduée de nos idées, et le développement
successif de toutes nos facultés ?

L'art de bien parler ou de bien écrire, soit en vers, soit en
prose, et en quelque langue que ce soit, est l'art de rendre ou
d'exprimer les choses d'une manière capable de nous les faire
remarquer ou de nous les faire sentir avec tout le degré d'in—
térêt dont elles sont susceptibles. Horace, ce poète du bon
sens et du bon goût, nous dit que les deux grandes écoles de
cet art, sont la philosophie et le monde. La philosophie en a
posé les règles, et c'est l'usage du monde qui nous dirige dans
leur application. Malheureusement, la philosophie a son pédan—
tisme, comme la fausse érudition a le sien. De là, ce nombre
incroyable d'ouvrages dans lesquels les règles ont été multi—
pliées à l'infini, et dont les auteurs, jaloux de donner des lois au
talent ou au génie, ressemblent à des esclaves qui veulent enchaî—
ner leur maître. Autrefois il étoit difficile de s'instruire, parce
qu'on manquoit de bonnes méthodes. Aujourd'hui, il est peut—
être devenu difficile de s'instruire, parce qu'on en a trop. Mais
il n'est pas moins vrai que les hommes n'ont atteint un certain
degré de perfection dans l'art de parler et d'écrire, que lorsque
la philosophie a été appliquée à la littérature, et que les litté—
rateurs ont eu plus ou moins de philosophie. Sans la poétique
d'Aristote, Horace et Boileau n'eussent peut—être pas été aussi
versés dans les règles de leur art. Démosthène et Cicéron
étoient orateurs et philosophes. Le génie est une plante qui
croît sur le sol de la nature ; mais sans les soins d'une raison
éclairée, les productions du génie ne sont souvent que des fruits
sauvages. Il n'a peut—être manqué à Milton, pour réunir aux
idées sublimes, à la vaste imagination d'Homère, l'élégance sou—
tenue et l'admirable pureté de Virgile, que de naître après

Locke ou du tems d'Addisson. Le Tasse, qui n'a écrit qu'après
l'Arioste, nous offre cet ensemble , cette unité , cette belle or-
donnance dont celui-ci ne paroissoit pas même se douter. Newton et Pope étoient contemporains. Corneille eût été moins
inégal, si, dès l'aurore de sa raison, il eût vu luire la nouvelle
lumière qui guida les premiers pas de Racine. La littérature
allemande, née subitement de nos jours, après la guerre de
sept ans , et pendant les intervalles de paix qui ont suivi cette
guerre, n'a point eu d'enfance ; c'est que les allemands étoient
déjà très-instruits. Ils ont eu une grammaire, presqu'avant
d'avoir une langue. Dans un court espace de tems, ils ont brillé
dans tous les genres, et ils les ont tous épuisés : j'en prends à
témoin la Messiade de Klopstock, qui marche à côté des plus
grands poëtes épiques ; les odes du même auteur ; les poèmes
et les idylles de Gessner, qui a su se frayer une route nouvelle ; les poésies tendres et délicates du professeur Jacobi ;
les chansons guerrières et les poésies anacréontiques de Gleim ;
les odes, les cantiques , et les discours éloquens du chancelier
Cramer ; l'oberon, le musarium de Wieland, qui a la fécondité,
l'esprit et l'universalité de Voltaire ; les bagatelles érotiques et
les drames de Gerstenberg ; les ballades et les romances de
Burger ; les pièces fugitives d'Hœlty, dont le caractère est d'ins-
pirer une douce émotion ; les ouvrages dramatiques de Goethe ;
les poésies simples et naïves de Claudius ; les idylles , les élé-
gies et les chansons de Voss ; les fables d'Hagedorn, de Gellert
et de Pfessel ; les drames de Kotzebue et de Schiller ; les
iambes, les tragédies, et l'île ou la *colonie d'amis établis dans
une île déserte,* du comte Frédéric Léopold de Stollberg ; les
tragédies et les pièces fugitives du comte Christian , son frère ;
enfin, tous les ouvrages de ces deux hommes dont les vertus
égalent les talens et les lumières. Tous ces auteurs sont
contemporains, et ils sont presque tous encore vivans.

En France, ce sont les progrès de la philosophie qui ont
arrêté ceux du faux clinquant, qui se glissoit dans quelques
écrits de la fin du siècle de Louis XIV, qui avoit quelquefois séduit Fléchier, et qui fait tout le fond des ouvrages
des jésuites Porée, Laxante et Neuville. La raison, d'accord
avec le bon goût, a proscrit ces pointes compassées, ces
jeux de mots, ce cliquetis d'antithèses, cette longue et fati-
guante uniformité de contrastes éternels que l'on retrouve
trop souvent dans les poésies de Santeuil; enfin tout ce faux
luxe littéraire qui avoit pu en imposer, pendant quelques
instans, à une nation vive et ingénieuse, et qui est plutôt
le masque d'une indigence réelle que le bon usage de la richesse.

L'objet de l'art de bien parler et de bien écrire, est, comme
celui des autres arts, l'imitation de la belle nature. Nous
avons déjà vu comment l'esprit philosophique a fixé les
limites de tous les beaux arts, d'après les moyens que chacun
d'eux peut employer. Nous avons vu qu'il est des beautés
dont l'imitation, proprement dite, appartient plus directement
au peintre et au sculpteur, qu'à l'orateur et au poète; et qu'il
en est d'autres dont l'imitation appartient plus directement au
poète et à l'orateur qu'au sculpteur et au peintre. Mais je
dois observer ici que l'art de parler et d'écrire a un caractère d'universalité que n'ont pas les autres arts. Car les
mots employés par la parole ou par l'écriture ont, comme
la monnoie, une valeur représentative de toutes autres valeurs.
Je dois dire encore, qu'entre tous les beaux arts, l'art de parler
et d'écrire est celui qui peut, avec le plus de succès, orner,
étendre ou agrandir une image ou une idée principale par
une multitude d'images ou d'idées accessoires, souvent plus
frappantes que l'image ou l'idée principale elle-même. Il n'y
a point de peintre qui pût nous rendre la chûte des anges,

comme Milton l'a décrite. « Ils marchoient, dit ce poète, àtravers
« des vallons obscurs et tristes ; ils traversoient des contrées
« qui étoient les sombres demeures des souffrances, des mal-
« heurs et des fléaux de toute espèce ; ils escaladoient des
« montagnes couvertes de glaces ; et d'autres qui vomissoient
« des torrens de feu ; il ne s'offroit à leur vue, et sous leurs
« pas, que' des rochers menaçans, des volcans enflammés,
« des mondes de morts et de cadavres, des abîmes de pu-
« tréfaction et d'horreur ». La description de la mort d'Hip-
polite, dans Racine, n'est-elle pas plus féconde en images que
ne pourroit l'être un simple tableau relatif au même sujet ?
Quel est le peintre qui pourroit, avec la même étendue et
la même grace, nous offrir, sur la toile, les brillantes descriptions que nous rencontrons dans le poème des Jardins de
l'abbé Delille, et dans celui de l'Imagination, par le même
auteur ? Les touches sombres et fières de Michel-Ange, dans
son magnifique tableau du Jugement dernier, pourroient-elles
jamais avoir l'effet que produisit la peinture éloquente de ce
jugement terrible, faite par Massillon, dans son sermon sur le
petit nombre des élus ? A la voix de cet orateur, une grande
assemblée se lève par un mouvement spontané, et frissonne.

Dans l'art de parler et d'écrire, le choix des choses et des
mots fait tout. Dans cet art, il faut éviter ce qui est trop ordinaire et surtout ce qui est bas, avec le même soin que l'on doit
apporter dans la peinture et dans la sculpture ; à éviter tout
ce qui n'est que laid. Si l'on parle ou si l'on écrit sur des
objets communs, il faut le faire d'une manière qui ne soit
pas commune. Les choses basses dégoûtent toujours. Quand
on les entend, on voudroit pouvoir se cacher. Elles ne produisent en nous, qu'un sentiment triste et pénible, c'est-à-dire,
cette sorte de pudeur qui n'est que la honte de nos imperfections. Dans tous les sujets quelconques, il faut de la clarté,

une certaine élégance et un certain degré d'énergie ou de force. J'emploie, dans cette occasion, les mots *énergie* et *force*, comme des termes indéfinis et capables d'indiquer, en tout, et même relativement aux objets les plus simples et les plus doux, tout ce qui peut, avec le plus d'efficacité, produire l'impression que chaque objet comporte. Sans la clarté, on n'est point entendu ; sans l'élégance, on n'est point remarqué ; sans l'énergie ou sans force, on n'est point senti. Je ne sais si je me trompe, mais je crois avoir observé, que si nous aimons, dans l'art, ce qui ressemble à la nature, nous aimons aussi, dans la nature, ce qui ressemble au perfectionnement de l'art. Cela suffit pour fonder la règle que nous devons nous éloigner autant d'une grande simplicité que d'un rafinement excessif. Le juste milieu n'est pas un point mathématique. Il embrasse un assez grand espace laissé à la liberté, au caractère, au talent, au génie particulier de chaque écrivain. Le bien ne finit que lorsque l'excès commence. *Virgile et Racine sont, de l'aveu général, les deux auteurs qui se sont tenus à la distance la plus égale des deux extrémités.*

Si, partout, c'est l'intérêt de nos plaisirs qui a multiplié les divers genres de littérature, partout aussi c'est l'esprit philosophique qui a donné un but moral à tous les genres. L'éloquence ne doit être que l'auxiliaire de la vertu et de la vérité. L'épopée doit présenter une grande action, une entreprise héroïque, couronnée par un grand succès. L'office de la comédie est de corriger les mœurs, en amusant l'esprit. Le but de la tragédie est de montrer les affreux dangers des passions sombres, furieuses et désordonnées, dans les sanglantes catastrophes qu'elles produisent. La pastorale est l'expression et le jeu innocent de l'amour, tel qu'il existe dans la simplicité de la nature, et séparé des vices de la société. La fable est une morale allégorique mise à la portée de toutes les con-

P

ditions et de tous les âges. Les romans mêmes sont devenus moraux. L'abbé Terrasson a voulu nous instruire dans son roman de Séthos ; Fénélon a donné de sages et sublimes leçons aux rois, dans son Télémaque. Montesquieu dans ses Lettres persanes, Voltaire dans Candide, se sont proposé de corriger des erreurs , des ridicules et des vices. Marmontel a fait un cours de politique dans son Bélisaire. Mais on a poussé trop loin la fureur des romans philosophiques. Ce genre d'ouvrages aura toujours le défaut de nous présenter les hommes autrement qu'ils ne sont, et les aventures telles qu'elles n'arrivent jamais. On n'apprend point à bien voir, quand on ne s'habitue point à considérer les objets dans leur grandeur naturelle. Celui-là auroit de bien mauvais yeux, qui n'auroit jamais vu les choses qu'avec un microscope. De plus l'habitude et la facilité d'étudier des sujets graves , dans des ouvrages frivoles , a le grand danger de nous rendre frivoles dans les matières les plus graves.

Il est un ton et des ornemens propres à chaque genre et à chaque sujet, à chaque objet différent, dans chaque genre. Le sublime du bon goût dans la littérature, ainsi que dans les autres arts , est de bien saisir les convenances en toute occasion. Il ne faut point faire des pastorales avec l'esprit de Fontenelle, ni des fables avec le ton si peu naturel de la Mothe. Ce qui nous plaît dans l'incomparable La Fontaine, c'est cette élégance naive , ces parenthèses ingénues , ces observations incidentes qui donnent à l'apologue, les apparences piquantes d'un simple récit ou d'une véritable anecdote. La Fontaine nous rend presque dupes, parce qu'il a l'air de l'être. On diroit qu'il a été du secret dans toutes les petites aventures qu'il nous raconte , et qu'il a vécu en société avec les animaux , avec les plantes, avec les arbres qu'il personnifie. Il a laissé bien loin derrière lui, Esope et Phèdre. C'est l'auteur le plus

original qui existe dans notre langue, et c'est peut—être le seul,
dont on puisse dire *que l'invention du genre dans lequel il a
trouvé de bons modèles, lui appartient encore plus qu'à ses
modèles mêmes.* Racan est notre maître dans le genre pastoral,
et dans toutes les peintures simples de la nature. Madame
Deshoulière en approche quelquefois. Les pastorales italien-
nes et celles de Gessner, sont supérieures à celles de Racan.
Nous avons dans le style épistolaire, l'admirable recueil des
lettres de madame de Sévigné, qui, *en écrivant au hasard et
par occasion, a fait, sans s'en douter, le plus piquant de tous
les livres.* Racine et Crébillon, Molière et Regnard ont fixé
tous les genres qui appartiennent au théâtre. Bossuet tonnant
sur la tête des rois, Bourdaloue secouant les consciences, Massillon scrutant et persuadant les cœurs, le lord Chatam et Burke
discutant les plus grands intérêts d'État, dans une assemblée
politique ; Cochin et d'Aguesseau déjouant la fraude et l'injustice des particuliers, dans les tribunaux, nous offre des modèles
dans tous les genres d'éloquence. Si, l'on pouvoit décomposer
le mérite des auteurs célèbres qui ont excellé dans chaque
genre, on découvriroit qu'à un grand fond de talent naturel,
se joignoit beaucoup de cet art, qui consiste dans la
connoissance, plus ou moins profonde, des choses et des
hommes. Il faut connoître les choses, pour en parler
avec justesse ; *il faut connoître les hommes, pour leur parler
avec fruit.* La logique des passions n'est pas la logique ordinaire. Le langage du sentiment est autre que celui de la
raison. Quand on veut instruire, on peut encore s'occuper
du soin de plaire ; mais il faut entièrement faire oublier que
l'on veut plaire, si l'on veut fortement émouvoir. Les étincelles de l'esprit ont de l'éclat sans chaleur. Ce qui brille, dis-
trait et ne touche pas. Il est donc impossible que l'on puisse
faire utilement intervenir l'esprit dans les affaires du cœur.
Ce seroit mal juger l'ame humaine, que de croire qu'elle
peut, dans le même tems, appliquer toutes ses facultés et par-

tager ses forces, sans les affoiblir. Une grande passion préoc-
cupe, absorbe celui qu'elle agite. Elle est donc incompatible
avec les jeux étudiés de l'esprit, et avec tout ce qui tient du
rafinement de l'art. C'est aux passions à parler aux passions :
c'est au cœur à parler au cœur. Si l'imagination est regardée
comme leur auxiliaire, c'est ordinairement pour leur prêter
ses couleurs et quelquefois ses images. Il y a plus d'affinité
entre l'esprit et la raison. La raison, si elle veut affermir
son empire, ne doit point dédaigner les ornemens de l'esprit.
L'esprit, s'il veut conserver son crédit, ne doit jamais blesser
la raison. L'imagination même peut s'interposer entre ses facultés, pourvu qu'elle en reçoive la loi, et qu'elle ne la donne
jamais. Mais comme dans l'art de la parole et de l'écriture,
c'est avec des mots que l'on agit sur les diverses facultés de
notre ame et qu'elles agissent elles-mêmes, il est essentiel
de connoître non-seulement la propriété de ces mots et le
sens qu'on y attache, mais encore l'espèce de magie qu'ils
exercent sur nous, par leur sons plus ou moins imitatifs, et
par l'harmonie qui peut résulter de leur arrangement. Quelquefois des mots entassés les uns à côté des autres et qui
semblent ne présenter aucune idée déterminée, font un grand
effet. Nous avons un exemple dans la description faite par
Virgile de la forge de Vulcain sur le mont Etna. On voit
que, dans cette occasion, le poète a fait moins d'attention au
sens précis, qu'au bruit sombre et confus de ses vers. En général une des grandes difficultés de l'art de parler et d'écrire,
est de savoir jusqu'à quel point on peut sacrifier l'élégance et
la pureté à l'énergie, la correction à la facilité, la justesse
rigoureuse à l'harmonie du style. C'est là qu'une sage philosophie doit oublier, moins que jamais, que, s'il ne faut pas
sacrifier les droits de la raison à l'influence de nos sens, il
faut aussi ménager cette influence pour l'intérêt de la raison
elle-même.

L'esprit cherche des ressemblances, dit Locke, et le jugement cherche des différences ; c'est donc au jugement à diriger et à régler l'esprit. J'ajoute que c'est encore à lui, à diriger et à régler le goût. Dans la littérature et dans tous les
beaux arts, ce n'est qu'en cherchant et en découvrant toutes
les différences qui existent dans la réalité, que l'on se met à
portée de saisir les véritables ressemblances, dans l'imitation.
Les hommes ordinaires croient que des choses, qui ne sont
que semblables, sont les mêmes, et souvent ils jugent réellement semblables, celles qui ne le sont qu'en apparence : ils
n'ont jamais qu'une idée ou une sensation. Les hommes plus
attentifs ou plus exercés, découvrent, dans la même chose,
une infinité de rapports qui échappent aux autres, et se donnent une infinité d'idées ou de sensations que les autres n'ont
pas : c'est l'avantage des bonnes vues sur les mauvaises. Les
ressemblances plaisent à tout le monde, et il n'est pas d'homme assez grossier pour n'en saisir aucune : c'est ce qui fait
qu'il y a un goût général qui ne trompe pas. Mais le peuple,
c'est-à-dire, presque tous les hommes, n'aperçoivent le plus
souvent que les ressemblances vulgaires. S'ils veulent, par
exemple, peindre ou se représenter la colère, elle ne s'offrira
jamais à eux que sous les traits communs de la fureur, de
l'irritation ou de l'emportement. Ils ne se douteront pas de
toutes les modifications diverses qu'une même passion peut
recevoir des circonstances dans lesquelles se trouve la personne qui en est agitée, des habitudes, des caractères, et
de la condition de cette personne. Homère, doué de cet œil
pénétrant qui saisit toutes les différences, nous peint avec
d'autres traits, et avec des couleurs différentes, la colère
d'Ajax, celle d'Agamemnon et celle d'Achille. Quelle admirable variété dans les diverses peintures que l'Arioste nous
fait de l'amour ! Sous la plume de ce poète, cette passion,
en apparence si connue, se reproduit sous mille formes dif-

férentes, selon que les personnages changent, et chaque nouveau
récit semble nous offrir le spectacle d'une passion nouvelle,
d'une passion que l'on connoît pour la première fois. D'où
vient que certains auteurs, en traitant les mêmes sujets que
d'autres, paroissent traiter des sujets différens, tandis que
souvent dans des sujets différens, on retrouve les mêmes
idées et les mêmes formes ? c'est que les premiers de ces
auteurs, sachant s'élever jusqu'à la nature, ont, avec pénétration, cherché et découvert des différences, lorsque les
seconds, uniquement frappés des ressemblances, se résignent à
vivre sur les fonds communs. Boileau n'a point cessé d'être
original, en devenant l'imitateur inimitable d'Horace. Je ne
prononce point entre Crébillon et Voltaire ; mais je dis que
Voltaire, en affectant de traiter les mêmes sujets que Crébillon,
a su s'en faire distinguer. L'abbé Delille, dans ses georgiques
françaises, ne fait point oublier Virgile, mais il se place à
côté de lui.

Chaque ouvrage doit être un tout, dont aucune partie ne
puisse être détachée, sans nuire au tout lui-même. Les
idées acquises nous préoccupent, les grands modèles nous in-
timident ; mais ayons le courage d'étudier la nature, et nous
reculerons les bornes de l'art. Nous croyons inhabitées, toutes
les contrées que nous ne connoissons pas. Avec le flambeau
de l'expérience, avec celui du génie, allons en avant : comme
la baguette d'Armide, l'observation changera des déserts sté-
riles, en terres subitement couvertes des plus riches mois-
sons.

Les sciences appartiennent au monde. Ceux d'entre les beaux
arts, qui s'adressent directement aux sens, se manifestent par
des signes capables de frapper tous les hommes ; mais la
littérature, qui ne se sert que de signes de convention, paroissoit avoir quelque chose de local. On eut dit que, dans
chaque pays, elle trouvoit ses limites dans celles du terri-

toire, et qu'elle étoit une espèce de propriété nationale et ex‑
clusive pour chaque peuple. De là , chaque peuple, porté
par l'habitude à ne regarder comme naturelle et comme rai‑
sonnable, que sa propre langue , croyoit que toute autre langue
étoit étrangère aux beautés de la littérature. En France,
on répétoit assez souvent qu'il ne pouvoit point y avoir de
littérature en Angleterre. Les Italiens avoient pendant long‑
tems, répété la même chose contre les Français. Il n'y avoit
aucune communication littéraire d'une nation à l'autre. Toutes
les nations se payoient d'un mépris égal, au lieu de s'éclairer
mutuellement. Elles ne s'accordoient toutes que dans la pré‑
férence qu'elles croyoient devoir donner aux anciens sur les
modernes. Mais les hommes de chaque pays continuoient ,
d'ailleurs, à penser que les beautés de la littérature ancienne
étoient des plantes qui ne pouvoient prospérer que sur leur
sol et sous leur climat.

L'esprit philosophique, en remontant à l'analogie , au génie
particulier de chaque langue , et en s'élevant aux principes de
la grammaire générale , nous a insensiblement débarrassés de
tous ces préjugés. En suivant l'histoire des peuples , on a
suivi les progrès plus ou moins tardifs , plus ou moins lents
de leur littérature et de leurs langues ; mais on s'est convaincu
que, sous la plume du génie, toutes les langues sont également
propres à chaque genre d'ouvrage, quoiqu'elles ne le soient
pas également à exprimer une même idée. On a remarqué
que chaque langue a son harmonie et son élégance ; que
l'anglais, favorable à la raison par son exactitude, l'est encore
au sentiment, par sa simplicité , et que l'allemand , qui pa‑
roit si hérissé de consonnes, est *plus dur à l'œil qu'à l'oreille.*
La richesse des langues n'a plus été appréciée d'après l'a‑
bondance stérile de plusieurs mots consacrés à exprimer une
seule chose, mais d'après l'abondance plus réelle des mots di‑

vers qui expriment les diverses nuances d'une même idée. Chaque peuple est devenu moins présomptueux et plus raisonnable, parce qu'il a mieux senti et ses avantages et ses imperfections. Les français peuvent se féliciter, par exemple, de ce que leur langue est plus amie de l'ordre qu'aucune autre. Mais souvent leur indigence les oblige d'employer les mêmes mots pour exprimer des notions différentes. Il est vrai que ce qui peut les consoler, c'est qu'il a été remarqué que, plus ou moins, *cette indigence leur est commune avec tous les autres peuples*. Un défaut général dans toutes les langues, est de n'avoir pas des mots propres pour chaque chose, de ne pouvoir offrir souvent que des expressions prises dans un sens figuré, c'est-à-dire, étendues à des objets pour lesquels elles n'étoient pas originairement faites, et qui ont demeuré eux-mêmes, sans aucun signe propre et particulier. Il est même des expressions qui, par une bizarrerie remarquable, ne sont jamais prises que dans leur sens figuré, et ont cessé d'être employées dans leur sens propre. Ainsi, comme l'a observé un auteur moderne, le mot français, *aveuglement*, naturellement relatif à l'état d'un homme qui a perdu la vue, n'est plus en usage que pour désigner l'obscurcissement de l'esprit et de la raison.

Les connoissances et les découvertes qui nous ont rendus juges plus sévères pour nous-mêmes, nous ont rendus juges plus impartiaux pour les autres. Nous avons reconnu que la nature n'est absente nulle part, et que le talent et le génie sont partout où est l'homme. Nous n'avons plus pensé qu'à mettre en société toutes les beautés exprimées dans les diverses langues. Le monde littéraire n'a plus formé qu'une seule patrie pour les gens de goût de tous les pays. Les traductions se sont multipliées, l'art de traduire s'est perfectionné, et l'esprit philosophique a découvert et promulgué toutes les règles de cet art si utile, dont le principe fondamental est de conserver le caractère de l'auteur traduit.

On convient généralement que le caractère d'un auteur est
ou dans les pensées, ou dans le style, ou dans l'un ou dans
l'autre. D'Alembert observe que, dans le caractère d'un auteur et dans les pensées, il se perd moins en passant par une
langue étrangère ; que les écrivains qui joignent à la finesse
des idées, celle du style, sont plus difficilement traduits que
ceux dont le caractère est uniquement dans les pensées ; que
ceux, au contraire, dont l'agrément est dans le style seul, n'offrent presque point de ressources aux traducteurs. Il dit, en
conséquence, que Corneille est plus facile à traduire que Racine, et que Racine est plus facile à traduire que La Fontaine.
Il ajoute que Salluste, qui dit beaucoup de choses en peu de
mots, est plus difficile à traduire que Tacite qui sous-entend
beaucoup, et qui dit beaucoup plus qu'il n'exprime.

Une traduction ne peut jamais être l'image parfaite de l'auteur traduit ; mais le portrait peut être plus ou moins ressem-
blant. On a en Angleterre de bonnes traductions de quelques
pièces de Racine. Les ouvrages français sont plus difficiles à
traduire pour un allemand que pour un anglais ; mais la langue allemande est merveilleuse pour la traduction des ouvrages
grecs, parce que, de toutes les langues modernes, c'est celle
qui est la plus favorable aux inversions si usitées dans les langues anciennes, et celle qui a le plus grand nombre de mots
composés. Nous pouvons présenter comme des modèles, les
traductions en langue allemande de l'Iliade d'Homère et des
Dialogues de Platon, par le comte Frédéric Léopold de Stollberg ; les traductions de Sophocle, des hymnes d'Homère ;
de plusieurs idylles de Théocrite, Bion et Moschus ; de quelques odes d'Anacréon ; des hymnes de Callimaque et de Proclus,
de Léandre et Héro, et de beaucoup de pièces choisies des
anthologies grecques, du comte Christian son frère, et la traduction de la politique d'Aristote, par Schlosser.

Q

Les comtes de Stollberg, dans leur traductions, ont su conserver l'esprit de la plus pure antiquité. Voss, homme plein
de connoissances et de talens, s'est frayé une nouvelle route,
dans l'art de traduire. Il a rendu, presque mot à mot, la diction d'un auteur traduit, comme on peut le voir, dans ses traductions de l'Iliade et de l'Odissée d'Homère, de Théocrite,
de Virgile et des métamorphoses d'Ovide.

La langue française, sur-tout dans la poésie, se prête peu
à la traduction des ouvrages des anciens. Nous avons pourtant quelques beaux morceaux d'Homère et de Virgile,
traduits en vers français. Je cite, avec plaisir, les livres de
l'Énéide traduits par l'abbé Delille. Vauderbourg vient de
traduire quelques odes choisies d'Horace, qu'il va faire paroître
et que je regarde comme la *difficulté vaincue*. Mais nous avons
de bonnes traductions en prose, de poèmes étrangers. Celle
de Roland-Furieux, par le comte de Tressan ; les traductions
de plusieurs ouvrages anglais par Letourneur ; celle de la Jé-
rusalem délivrée, par le prince Lebrun ; celle du Dante, par
Rivarol ; celle de Gessner, par Huber, et la dernière traduction de la Lusiade.

Pour moi, voici le vœu que je crois pouvoir hasarder : je
desirerois que les traductions pussent ressembler à la conver-
sation de certains étrangers de beaucoup d'esprit, qui parlent
facilement et hardiment notre langue, pensent dans la leur et
traduisent dans la nôtre. J'ai souvent regretté que les termes
énergiques et singuliers qu'ils emploient, ne soient pas adoptés, et que l'usage soit trop inflexible contre ces nouvelles
acquisitions.

Je ne saurois penser comme ceux qui voudroient que l'on
ne traduisit que les beaux morceaux des ouvrages anciens ou
étrangers. Il seroit souvent trop périlleux d'abandonner ce
choix aux traducteurs. De plus, on ne verroit jamais l'en-

semble d'un ouvrage, et on ôteroit aux traductions, leur principal avantage, celui de nous mettre à portée de comparer
les défauts aux défauts, les beautés aux beautés, et de
distinguer dans les ouvrages, de tous les pays et de tous les
tems, ce qui appartient aux mœurs, aux habitudes particulières d'un peuple, d'avec ce qui appartient aux principes
du beau absolu et universel.

Comme, par les traductions, nous avons mieux connu les
richesses de nos tems modernes, nous avons mis plus de lumières et plus de confiance dans le jugement que nous avons
porté sur les productions de l'antiquité. Dans le parallèle
que l'on faisoit journellement des anciens avec nous, on don-
noit toujours la préférence aux anciens. Cela choquoit Fontenelle qui disoit avec beaucoup d'esprit, que la question,
si les anciens valent mieux que nous, se réduisoit à savoir,
si les arbres d'autrefois étoient plus grands que ceux d'aujour-
d'hui. Mais J.-J. Rousseau a très-judicieusement observé
que la question ne seroit pas inepte, si l'agriculture avoit changé. On ne peut nier que les anciens n'aient été nos instituteurs, comme les Égyptiens l'avoient été des Grecs, et les
Grecs des Romains ; mais on peut devenir supérieur à ses maîtres. Ce sont les circonstances qui font tout. A mon avis,
toutes les questions de préférence sont vaines et oiseuses. Je
demande seulement qu'on n'admire dans les anciens que les
beautés réelles auxquelles on applaudit, quand on juge les modernes.

Dans tous les genres de littérature, l'histoire moderne nous
offre des hommes qui peuvent être dignement comparés à ceux
qui brilloient dans l'antiquité. On seroit injuste, si l'on mé-
connoissoit le caractère de simplicité et de grandeur qui se
manifeste dans les belles productions des anciens. Ce caractère tenoit peut-être à la nature de leur gouvernement, et à

leurs mœurs. Xénophon, honorant la mémoire de quelques guerriers tués en trahison dans la retraite des dix mille, *ils moururent*, dit-il, *irréprochables dans la guerre et dans l'a- mitié.* On lisoit ces mots gravés sur un marbre aux Ther- mopyles : *Passant, va dire à Sparte que nous sommes morts ici pour ses saintes lois.* Ces choses sont simples, sublimes, elles vont au cœur. Nous n'avons point encore atteint les an- ciens dans la sculpture. Nous présumons favorablement de leur peinture et de leur musique que nous ne connoissons pas ; mais dans la poésie, nous avons nos Homères, nos Virgiles, nos Horaces. Ce sont les grands intérêts de la patrie qui avoient produit les grands orateurs de l'ancienne Grèce et de l'ancienne Rome. L'éloquence est née dans nos tems modernes avec les grands intérêts de la religion. D'abord la chaire a eu ses Démosthènes, depuis un siècle, en Angleterre et en France ; depuis notre révolution, la tribune a les siens. Il faut rendre justice aux progrès étonnans des anciens, dans certains arts ; mais il me paroit que les modernes ont plus universellement réussi dans tout. En général, l'esprit d'or- dre et de méthode, et un certain ensemble, caractérisent les productions des modernes, et il y a, peut-être, de plus beaux détails dans celle des anciens. Mais je le répète, réduisons- nous à n'admirer que le beau et le beau par-tout ».

DEUXIÈME PHRASE.

Langues. = Sciences.

« Les sciences appartiennent à toutes les langues ; mais les langues ont besoin d'être perfectionnées pour pouvoir convenir aux sciences. La grossièreté et l'indigence de nos idiômes n'eussent pu que retarder nos progrès. Il étoit heureux pour nos pères, d'avoir à étudier les pensées des autres, et à exprimer leurs propres pensées dans des langues qui avoient été épurées et enrichies par les peuples les plus polis et les plus éclairés, et qui étoient parvenues au point où la parole donne une ame aux objets des sens, et un corps aux abstractions de la philosophie.

On a demandé si les philosophes et les savans ne devroient pas avoir une langue universelle, et s'ils ne devroient pas choisir cette langue parmi celles qu'on appelle *langues mortes*, et qui ne sont plus susceptibles de variation ; *car ce n'est que quand elles sont mortes, que les langues deviennent immortelles.* L'usage d'un idiôme qu'on ne parle plus dans la société, peut empêcher les lumières de s'étendre, mais non de se perfectionner. Peut-être gagneroit-on *en elevation ce que l'on perdroit en surface.* Les connoissances seroient moins communes, mais plus sûres. On banniroit le demi-savoir, presque toujours plus dangereux que l'ignorance même.

Mais quoiqu'il en soit de la question prise trop généralement, il est du moins certain que, dans le premier moment de la renaissance des lettres et des sciences et dans l'état où étoient nos idiômes vulgaires, ce fut un grand avantage, en découvrant ce que les anciens avoient écrit, d'hériter à la fois, et de leur connoissances et de leurs langues.

Ceux qui soutiennent que la masse de ces connoissances, jointe à la difficulté d'étudier des langues étrangères, nous accabla sans nous éclairer, n'ont pas assez réfléchi sur la marche de l'esprit humain.

Dans le cours ordinaire des choses, les sciences et la philosophie n'avancent que très-lentement à la suite des lettres et des beaux arts. Une lumière soudaine ne pouvoit que hâter nos succès, en favorisant nos efforts. Si, dans les arts de pur agrément, on jouit, quand on conserve et qu'on imite ;

dans les sciences on ne jouit que quand on acquiert. Lorsqu'on a commencé à penser, on pense toujours. Dès les premiers pas que l'on fait dans la carrière, l'horison recule
et s'étend. Plus on connoît, plus on veut connoître, plus
on cherche à découvrir. Il est donc vraisemblable que les
connoissances qui nous furent apportées, auroient produit l'heureux effet de nous faire sortir de notre léthargie, si par un
certain concours de circonstances, cette léthargie n'eût été
prolongée par la servitude.

Les Grecs qui devinrent nos instituteurs, étoient grands
controversistes ; ils avoient poursuivi avec ardeur les ombres
flottantes de la métaphysique des anciens. Ils firent un mons-
trueux mélange de cette métaphysique et des dogmes du chris-
tianisme. Les subtilités d'une philosophie obscure, incom-
plète et mutilée, défigurèrent l'auguste simplicité de la religion ; et l'abus que l'on fit de l'autorité naturellement attachée
aux choses de la religion, comprima les efforts de la véritable philosophie.

Il s'éleva une espèce de docteurs connus sous le nom de
scholastiques, qui voulurent régner dans l'église, comme
dans les sciences. Ces docteurs, qui n'avoient besoin, pour
leur gloire, que d'un peu de lecture et de loisir, se rou-
lèrent servilement sur les connoissances imparfaites qui leur
avoient été transmises par les commentaires des Arabes.

Ils se divisèrent d'abord entre Platon et Aristote. Mais
Aristote, condamné dans le treizième siècle par des sentences
ecclésiastiques, et ensuite réhabilité par des sentences aussi
peu raisonnables, finit par dominer souverainement dans les
écoles chrétiennes. Un légat réformant l'Université de Paris
vers le milieu du 15°. siècle, ordonna, par un décret, que
l'on enseigneroit la doctrine de ce philosophe. Ainsi s'éta-

blit l'empire des faux savans , qui est le plus dur de tous
les empires. Il ne comporte ni examen ni contradiction. On
peut craindre de se tromper , quand on sait faire usage de
sa propre raison : on est imperturbable, quand on ne se dirige que par celle des autres.

En même tems qu'on accordoit au philosophe *Aristote* la
même autorité qu'à l'écriture sainte , on invoquoit les textes
de l'écriture , pour établir ou pour combattre des systèmes
de physique et d'astronomie. Un tribunal redoutable (*l'in-
quisition*), malheureusement trop connu dans le Midi de l'Europe par ses vexations et par ses excès , fut chargé de pour-
suivre toute opinion contraire aux opinions régnantes , et de
punir quand il ne falloit qu'instruire.

On perdoit de vue que la religion n'a point été donnée aux
hommes pour former des physiciens , des astronomes , des
géomètres , mais pour former des fidèles ; que son objet est
de propager, non les sciences , mais la vertu ; et que , si
elle propose des mystères et des dogmes à notre foi , elle abandonne les divers systèmes du monde à nos disputes et à notre
raison.

❦❦

TROISIÈME PHRASE.

Origine des connoissances.

L'Art de l'Imprimerie, qui fut trouvé en Allemagne vers le
milieu du quinzième siècle, et qui se perfectionnoit de jour en
jour, augmenta les ressources , en multipliant les communications. Le despotisme, par une sorte d'instinct, avoit d'a-
bord voulu repousser une invention qui a donné des ailes à
la pensée ; qui l'a mise à l'abri des ravages du tems et de

la violence ; qui nous a révélé le secret de nos forces ; qui, mettant chaque individu à portée de profiter des connoissances de tous les siècles , forme de toutes les intelligences une seule intelligence , et a , pour ainsi—dire , donné une' ame universelle au monde. La force des choses l'emporta sur les combinaisons de la politique. L'Imprimerie s'établit partout ; et partout elle répandit des flots de lumière.

C'est pendant le cours de tant d'évènemens, c'est à la suite de tant de découvertes , c'est au milieu de tous les talens , de toutes les sciences , et de tous les genres d'industrie , que l'on a vu se propager , dans nos tems modernes , cet esprit de lumière qui s'est insensiblement répandu sur tout, mais qui n'a pu se développer et s'étendre que lorsqu'un certain concours de circonstances á réveillé en nous, la cons- cience de nous-mêmes , et a rendu à la raison humaine , son indépendance naturelle et le plein exercice de ses droits. Ainsi, après une éducation soignée , brillante , et à mesure que toutes ses facultés se développent , on voit croître et se perfectionner , dans l'individu qui s'éclaire , cette rectitude de jugement qui est le principe des salutaires pensées , et cette sage confiance en ses propres forces, qui , le disposant aux grandes choses , le prépare à devenir l'arbitre de sa gloire et de son bonheur.

Les anciens ne connoissoient point l'Art de l'Imprimerie ; ils n'avoient aucuns des moyens d'instruction que nous avons. Les communications entre les villes , entre les peuples , n'é- toient point ouvertes comme elles le sont. Les vérités et les connoissances ne pouvoient se propager avec la même rapidité ni avec la même certitude. Il semble alors, qu'avec de plus grandes ressources, les philosophes auroient dû obtenir de plus grands avantages. Et effectivement, ils ont eu, en masse, plus de succès réels pour la propagation des lumières, en général,

mais beaucoup moins pour leur gloire personnelle. C'est
la nature , c'est l'étendue , c'est la candeur même de nos
moyens, qui a produit cette différence dans les résultats.

Autrefois, pour avoir le secret d'une science , on étoit obligé
de recourir directement à celui qui la professoit. Ses pensées
ne circuloit qu'avec ses paroles. Il falloit arriver jusqu'à la
personne , si l'on vouloit connoître la doctrine. De là, on
entreprenoit des voyages de long cours, pour pouvoir assister
aux leçons publiques d'un philosophe. Des milliers d'hommes s'eblanloient pour entendre parler un seul homme. Cet
homme rendoit ses oracles de vive voix. Ses discours étoient
écoutés en silence, et recueillis avec soin. La mémoire des
auditeurs n'en conservoit que ce qui avoit frappé leur esprit
ou remué leur ame. Les étrangers rapportoient chez eux des
sentimens d'admiration qui ne s'effaçoient plus. Le nom de
l'orateur étoit dans toutes les bouches, et ses maximes , dans
tous les cœurs.

Depuis la découverte de l'Imprimerie , chacun peut s'instruire chez soi. On lit, on n'a plus besoin d'entendre. Comme
on imagine que les écrits d'un homme nous offrent la partie
la plus satisfaisante et la plus distinguée de lui-même , on est
peu curieux, quand on a le livre, de s'enquérir de l'auteur,
quoiqu'on ait très-judicieusement observé que les bons auteurs
valent toujours mieux que leurs livres.

Celui qui écoute, a plus les dispositions d'un disciple : celui
qui lit, a plus les dispositions d'un juge. Le premier se laisse
souvent entraîner : le second ne se laisse pas toujours con-
vaincre. Les principaux avantages de l'éloquence sont perdus
pour le simple écrivain. Les anciens philosophes étoient donc
plus heureux de n'avoir qu'à parler , que les nôtres de n'a-
voir qu'à écrire.

R

Autrefois, les talens et la science demeuroient constamment la propriété de celui qui les possédoit , et qui n'avoient que des moyens limités de faire participer les autres à ses propres richesses. Il portoit tout avec lui-même. Il ne pouvoit , pour ainsi-dire, se séparer de son trésor. Il étoit personnellement la décoration de sa patrie , et un vrai bien public pour le genre humain. Ses ouvrages ne faisoient point oublier sa personne ; car sa personne étoit nécessaire à son enseignement et à ses ouvrages. Sa mort étoit une calamité ; et, selon la belle expression de Corneille , *l'univers entier décroissoit en le perdant.* Aujourd'hui, l'Imprimerie met tout en communauté. La personne d'un écrivain n'est plus rien : ses écrits sont tout. Il vit souvent ignoré, dans un triste réduit. Si on le rencontre , on croit toujours le trouver inférieur à lui-même. Aussi on ne voyage guère aujourd'hui que pour voir des statues , des monumens , des ruines ; tandis qu'on voyageoit autrefois pour voir des hommes.

Dans l'antiquité , la célébrité d'un philosophe commençoit avec sa vie : chez nous , elle ne commence souvent qu'après sa mort. Il faut cependant convenir, que , sans le génie , sans le talent , toutes les méthodes de la philosophie ne produiront jamais que des hommes médiocres ; mais je dis que, sans les règles d'une saine philosophie , le génie et le talent feront rarement des hommes supérieurs ».

QUATRIÈME PHRASE.

Raisonnement.

« Raisonner, c'est lier des idées, c'est en découvrir la dépendance et la connexité, c'est en former une chaîne. Le premier anneau de cette chaine doit être attaché à quelque chose de réel, et il ne doit y avoir aucune interruption dans les autres.

Tout homme a sans-doute des idées ; car tout homme sent son existence , et sent ce qui se passe en lui. Vivant au milieu d'une foule d'êtres qui l'environnent, il reçoit à chaque instant des impressions qui entrent par toutes les portes de son ame , et qui y pénétrent sans obstacle et sans effort. Mais il y a loin des notions vagues et confuses qui naissent de ces impressions involontaires , aux connoissances réfléchies et raisonnées qui constituent la science. Je n'en veux pour exemple que les équivoques que l'on fait tous les jours dans la société, sur les mots : *honneur , vertu , nature, religion , préjugé , vérité , force , puissance , droit , devoir , loi , gouvernement , souveraineté , propriété.*

Si l'on veut s'entendre et être entendu, ne faut-il donc pas, avant tout, fixer et déterminer ces idées , en les analysant, c'est-à-dire, en y attachant un sens précis , en déroulant tout ce qu'elles renferment , en les réduisant aux termes les plus simples et les plus clairs ?

Les idées sont le nouvel être que nous donnons, par la pensée , aux impressions passagères que nous recevons immédiatement par nos sens extérieurs , ou par notre sens intime ; elles sont toujours moins vives et moins présentes que ne l'ont été ces impressions ; il peut donc arriver qu'elles ne le rappellent que très-imparfaitement. D'autre part , si les impressions que nous recevons, et qui sont en nous , ne sont jamais équivoques , il est incontestable que nous pouvons facilement nous tromper sur les objets ou sur les faits qui les ont produites. N'est-il donc pas essentiel de confronter sans cesse nos idées avec ces faits ou avec ces objets , pour savoir si elles leur sont conformes ? La véritable science n'est-elle pas fondée sur cette conformité ?

Dans la recherche de ces différens rapports, nous avons besoin de distinguer l'évidence, la certitude, la simple présomption. L'évidence est le résultat immédiat de la perception du sentiment ou de celle de l'esprit : elle dispense de toute preuve. Les preuves sont nécessaires pour acquérir la certitude. La simple présomption n'est appuyée que sur des vraisemblances ou des probabilités.

J'appelle *preuve*, tout moyen intermédiaire que j'emploie pour aller d'une vérité que je connois, à une autre vérité que je cherche, et qui me découvre la connexité réelle qui existe entre cette seconde vérité et la première.

Les différens objets de nos connoissances n'appartiennent point à un seul et même ordre de choses. Ils ont été rangés dans ces trois classes distinctes : les faits de la nature, les faits de l'art, les faits de l'homme. Les faits de la nature, embrassent tout ce qui est en nous et hors de nous, indépendamment de nous-mêmes ; les codes des nations, leurs traités et leurs annales nous offrent tout ce qui peut nous intéresser dans ce que nous appelons les faits de l'homme ; l'homme, combinant les faits de la nature, a produit les faits de l'art, qui renferment tout ce que l'on peut regarder comme l'ouvrage de notre intelligence et de notre industrie. Tout ce que l'on peut dire ou écrire relativement a ces différentes espèces d'objets, se réduit à des raisons concluantes, à des expériences certaines, à des témoignages irréprochables. Mais on sera forcé de convenir, par exemple, que la voie de l'autorité et des témoignages, est la première et la plus naturelle de toutes les voies, quand il s'agit de la recherche des faits de l'homme ; tandis que des expériences certaines et bien observées, sont la base principale de nos connoissances, dans la recherche des faits de la nature. Il y a donc divers ordres de preuves, puisqu'il y a divers ordres de vérités. L'essentiel

est de ne pas s'en rapporter à des autorités ou à des témoignages, pour des choses qui ne peuvent être garanties que
par de bonnes raisons ou par l'expérience, et de ne pas exiger
des raisons , quand il ne faut que des témoignages ou des
autorités. C'est avoir fait bien des progrès , que de connoître,
dans chaque matière , le genre de preuve dont elle est sus-
ceptible , et de savoir appliquer à chaque sujet , la preuve
qui lui est propre.

La certitude est acquise lorsque, dans un sujet quelconque,
on a le genre et le degré de preuve que ce sujet comporte.

En quelque matière que ce soit, le caractère essentiel de la
certitude, est d'écarter tout doute raisonnable.

Marcher de l'inconnu au connu, et de la possibilité à l'acte,
révoquer en doute ce que nous sentons , ce que nous voyons,
ce que nous entendons, par la simple considération que le
contraire est possible : ce seroit courir après l'ombre , lorsqu'on tient le corps ; ce seroit abandonner la réalité , pour
se réfugier dans la fiction ».

CINQUIÈME PHRASE.

Calcul.

« On sait que le calcul, perfectionné et sagement appliqué ,
est devenu l'instrument le plus actif de nos connoissances.
L'action de nos sens et celle de notre entendement ont des
bornes. Le calcul n'en a point. Par lui toutes les distances
sont mesurées et franchies , toutes les forces sont comparées,
tous les tems sont rapprochés. C'est par le calcul que le passé , facilement conservé dans notre mémoire , continue d'exis-

ter pour nous. C'est par le calcul que nous enchaînons le présent qui, sans lui, ne seroit déjà plus ; c'est encore par le calcul que l'avenir se trouve soumis à notre prescience. En un mot, c'est par le calcul que le domaine de la pensée est devenu plus vaste, et son essor plus rapide.

Mais le calcul, qui conserve, qui rapproche, qui étend, qui réduit, qui compose et qui décompose, ne crée pas.

Heureusement le hasard remplissoit, par intervalles, l'office de la raison, en semant quelques découvertes. Ces découvertes furent recueillies par quelques hommes attentifs qui surent étudier les indications fugitives de la nature, et qui ne tardèrent pas à s'apercevoir que tout se réduit, pour nous, à observer des faits, et à combiner nos idées sur les faits observés. Newton, le plus remarquable entre ces hommes, s'ouvrit une nouvelle route dans la révolution que Descartes avoit commencée. Il proscrivit la physique de pur raisonnement ; il bannit le goût dangereux des hypothèses, et avec le grand art de l'observation, aidé de l'expérience et de l'esprit de méthode, il perça les ténèbres, posa les regles de l'optique, et découvrit l'origine de la lumière. Il s'élança vers les cieux pour pénétrer les plus hauts secrets de la nature ; il révéla à la terre étonnée, la marche régulière de ces milliers de globes qui avoient, jusques-là, si mystérieusement roulé sur nos têtes. Il nous conduisit dans l'immensité des êtres : il nous mit, pour ainsi dire, en relation avec l'univers ».

SIXIÈME PHRASE.

L'art de conjecturer.

« L'art de conjecturer est, en général, d'une grande utilité

dans quelques sciences spéculatives, telles que la physique et
l'histoire. Il est absolument nécessaire dans les sciences-pra-
tiques, telles, par exemple, que la médecine, la jurisprudence et la politique. Cet art consiste à distinguer le vrai
rigoureux d'avec ce qui n'est que probable, à observer, dit
un auteur moderne, les gradations insensibles d'une lumière
qui commence à poindre dans l'obscurité, et à saisir avec
sagacité, les caractères fugitifs des choses, et leurs plus lé-
gères nuances, pour pressentir ce que l'on ne peut parfaitement connoître.

Les conjectures ne sont relatives qu'à des objets pour
lesquels on n'est point encore parvenu à la démonstration,
ou qui ne laissent aucun espoir d'y parvenir. Elles ne sauroient toutes avoir le même degré de probabilité.

Quelquefois dans un même sujet elles se combattent. Quelquefois elles se prêtent un mutuel secours. C'est-là que
l'esprit triomphe, et que, décomposant par l'analyse, les
circonstances d'un même fait, il en saisit tous les rapports,
et découvre le fil presqu'imperceptible, qui doit nous conduire dans le vaste labyrinthe des vraisemblances.

Lorsque, dans un même sujet, les conjectures se combattent, l'esprit philosophique les pèse plutôt qu'il ne les
compte, à moins que, toutes choses étant égales, la cir-
constance du nombre ne devienne décisive. Lorsqu'elles se
réunissent, lorsqu'elles se prêtent un mutuel secours, on n'a
point l'embarras du choix. Il arrive même souvent que plusieurs adminicules, plusieurs présomptions, dont aucune en
particulier n'est concluante, opèrent, par leurs concours, une
conviction entière.

C'est une règle générale que les conjectures, pour n'être
pas une source d'erreur ou d'égarement, doivent-être déga-

gées de toute hypothèse arbitraire. Une conjecture ne peut
mériter ce nom, que lorsqu'elle est fondée sur quelque motif
capable de donner un certain ébranlement à l'esprit. Si elle
ne peut nous montrer clairement l'objet que nous cherchons,
elle doit du moins nous le faire soupçonner. Le caractère
de la preuve est d'être concluante, et de l'être toujours ; car
une preuve qui n'est pas toujours concluante, ne l'est jamais·
Le caractère de la conjecture est d'être apparente et vraisemblable. Les preuves soumettent la raison, les conjectures
ne font souvent que la remuer. Les premières décident, les
secondes préjugent. Celles-ci, selon leur degré de foiblesse
ou de force, viennent se placer plus ou moins avantageuse-
ment, dans l'intervalle qui existe entre le doute absolu et la
conviction parfaite.

Leibnitz regrettoit qu'il n'y eût pas une méthode qui servit
à régler le poids des vraisemblances, et à discerner les apparences du vrai et du faux. Mais entre douter et croire, il y
a des nuances infinies que tout l'art humain ne sauroit déterminer avec précision.

La logique en matière de raisonnemens, et la critique en
matière de faits, sont tout ce que l'art a pu imaginer jusqu'ici, pour rendre les hommes judicieux et raisonnables.
La logique et la critique sont le fondement de nos connoissances en tout genre, et l'instrument des autres études.

Le bon sens qui discute, et le génie qui invente ou qui
crée, sont, au fond, la même chose. J'observerai seulement
que le bon sens, lorsqu'il est joint à une pénétration vive,
à une vaste profondeur, et qu'il obtient le nom de *génie*,
franchit par *une soudaine illumination* et comme par instinct, de plus grands intervalles ; il embrasse plus d'objets
à-la-fois ; il marque subitement la liaison de plusieurs théo-
rèmes éloignés les uns des autres ; il ne cherche pas, il de-

vine , il sent , il voit. Mais ne nous y trompons pas : c'est toujours l'esprit juste, le bon sens qui fait le fond du génie. Il est la règle de tout , il distingue l'homme raisonnable de celui qui ne l'est pas ; le vrai savant de celui qui n'a qu'un savoir confus , mal ordonné ; le sage de celui qui n'est que héros.

Le bon sens est toujours utile dans la science , parce qu'il sait s'arrêter aux choses convenables , aux choses qui sont à sa portée. La science , sans le bon sens , est souvent perni- cieuse et toujours ridicule.

Eh bien ! c'est le bon sens , c'est l'esprit juste à qui seul il est donné de ne point s'égarer dans le dédale des conjec- tures , de les peser avec discernement , et de les comparer avec sagesse. C'est cet esprit qui sert à gouverner les états , comme à conduire les affaires des particuliers ; à diriger sur des faits mobiles , toujours prêts à s'échapper , l'application délicate des principes de la jurisprudence et de la médecine , comme à résoudre les problèmes les plus compliqués de la politique. Il n'est pas moins estimable lorsqu'il devine les opérations les plus secrètes de la nature dans une maladie , que quand il découvre une bonne administration dans les fi- nances d'un état , ou quand il trace les plans d'une campa- gne. Il guida Sully , Turenne et Catinat. Il dicta les con- sultations de Charles Dumoulin , les *parères* de Savary , les plaidoyers de Cochin et de Daguesseau.

Il y a des règles simples et primitives , que les hommes sensés de tous les siècles ont connues , et qui servent de base à toute bonne manière de voir et de conjecturer ».

S

⊙⊙⊙⊙⊙⊙⊙⊙⊙⊙⊙⊙⊙⊙⊙⊙⊙⊙⊙⊙⊙⊙⊙⊙⊙⊙⊙⊙⊙⊙⊙⊙⊙

SEPTIÈME, PHRASE.

Progrès de l'Esprit humain.

« Il faut une disposition générale dans les esprits, pour que
le goût des sciences puisse naître ; et cette disposition n'est
produite que lorsqu'un événement imprévu rompt subitement
nos anciennes habitudes, ou lorsque le tems, en les minant
peu-à-peu, nous prépare insensiblement de nouveaux besoins ; car le besoin est le principe créateur, ainsi que le
gage naturel de nos jouissances. Ce sont ensuite nos premières
connoissances acquises qui accréditent les connoissances nouvelles : elles se prêtent un mutuel appui, elles s'élèvent, elles
s'étendent, elles se greffent les unes sur les autres. Elles se
multiplient sous toutes les formes, elles varient leurs fruits à
l'infini.

Le siècle de la philosophie a été préparé de loin par une
multitude innombrable de causes. La boussole ouvrit l'univers ; le commerce l'a rendu sociable. Il a déplacé, uni,
mêlé tous les peuples. L'histoire du commerce est celle de
la communication des hommes. Or les hommes s'éclairent en
se communiquant. D'autres climats leur offrent d'autres
mœurs, d'autres coutumes. Ils comparent le talent aux talens, les lois aux lois, les usages aux usages. Ils sont moins
aveuglément attachés à leurs opinions, en remarquant la pro-
digieuse diversité des idées qui régissent notre malheureuse
espèce. Ils voient en quoi les peuples se ressemblent, et en
quoi ils diffèrent. Ils retournent chez eux, avec plus de
vices peut-être, mais avec moins de préjugés ».

●●

HUITIÈME PHRASE.

Pénétration de l'Homme.

« On a dit que toutes les sciences sont sœurs. Je dirai, qu'à proprement parler, il n'y a qu'une science, celle de la nature. Si notre esprit étoit assez étendu, assez vaste, assez rapide, pour embrasser, d'un coup d'œil, l'ensemble des êtres, l'univers entier ne seroit pour nous qu'une seule vé- rité, toujours présente à notre intelligence. Malheureusement il ne nous est pas donné de tout saisir à la fois, et moins encore de remonter au premier et unique principe de tout. Le secret de cette grande science, ou pour mieux dire le mot de cette grande énigme que nous appelons la *Nature*, nous échappe. Nous pouvons à peine, après les plus longues re- cherches, lier quelques *syllabes* auxquelles nous nous hâ- tons d'attacher un sens. Condamnés, dès notre naissance, à ne trouver presque jamais que le travail après le travail, nous n'arrivons à quelques vérités détachées, qu'avec effort. De-là le besoin que nous avons eu de créer les arts, les sciences particulières, dont l'extrême diversité est une suite de la foi- blesse de notre raison. Tout ce que nous avons pu faire a été de tracer des lignes de communication entre les diverses sciences et les divers arts, pour qu'ils pussent se prêter un mutuel secours, et nous offrir quelque ensemble.

Cependant l'esprit humain, qui ne peut ni tout ignorer, ni tout connoître, est constamment travaillé du désir immodéré de tout découvrir. Notre ambition lutte sans cesse contre notre destinée. En conséquence nous avons cherché, dans tous les tems, à imaginer quelque principe universel, auquel nous pussions lier la chaîne de nos connoissances, et qui pût nous aider à tout expliquer.

A défaut de causes connues, on a eu recours aux causes finales ; on a fait des suppositions ; on a créé des fluides, des matières subtiles, des qualités occultes, des agens invisibles. Sans consulter la nature et en s'éloignant d'elle, on a posé des définitions et des principes arbitraires qui ont été regardés comme autant de découvertes, et on n'a pas vu que ces prétendues découvertes n'avoient rien de réel, et qu'elles étoient comme les ombres qui s'alongent au déclin du jour.

Chaque siècle, chaque philosophe a eu ses idées dominantes, la preuve en est dans les nombres de Pythagore, dans les atomes d'Épicure, dans l'Entelechie d'Aristote, dans les formes substancielles des scholastiques.

Souvent on s'est servi des progrès faits dans une science, pour régir trop impérieusement toutes les autres. Quelquefois une conception hardie, une grande pensée, une nouveauté piquante a suffi pour donner une nouvelle impulsion aux esprits, et pour tout changer.

Les hommes ont commencé par acquérir rapidement quelques connoissances sur des choses de première nécessité ; et ils se sont rarement trompés sur les moyens de satisfaire à leurs besoins les plus pressans. Mais comme pour les premiers objets, la nature s'est bien plus offerte à eux qu'ils ne l'ont cherchée, on les a vus, dans la suite, s'abandonner avec indolence aux confidences spontanées de la nature. Cela explique pourquoi nous n'avons été redevables de nos premières, et peut-être de nos plus importantes découvertes, qu'au hasard.

N'est-on pas frappé d'étonnement quand on considère, dans les siècles qui nous ont précédés, l'extrême lenteur avec laquelle nos connoissances en physique se sont developpées ? Les anciens avoient trouvé l'art de frapper les mon-

naies et les médailles ; il n'y avoit qu'un pas de cet art à
ceux de la gravure et de l'imprimerie. Ce pas n'a été franchi
que depuis trois siècles, et encore faut-il remarquer que
dans cette occasion, comme dans tant d'autres, c'est le hasard qui nous a presque conduits par la main. Les histoires
les plus reculées sont pleines de phénomènes de l'électricité et
de l'aurore boréale, et c'est seulement de nos jours que la
science s'est emparée de ces phénomènes jusqu'alors aban-
donnés à la crédulité et à la superstition. Je cite ces exemples entre mille autres pareils. Ils prouvent jusqu'à l'évidence
que l'on est hors d'état de rien découvrir par soi-même,
quand on n'observe pas. Si les découvertes sont de bonnes
fortunes, je suis du moins autorisé à dire qu'elles s'offriront
plutôt à ceux qui ont l'habitude de bien observer, qu'à ceux
qui n'ont pas cette habitude, comme on a dit que les bons
mots sont de bonnes fortunes qui n'arrivent qu'aux gens d'esprit.

Des savans ont été envoyés par-tout, aux frais des gouvernemens, pour épier la nature. On a bâti des observa-
toires ; on a fondé des établissemens ; les Anglais ont établi,
jusques dans les Indes, des sociétés permanentes d'obser-
vateurs.

Après Galilée, Copernic, Ticho-Brahé et Kepler, l'astronomie languissoit. Newton paroit et fait époque dans cette
vaste science. Depuis ce grand homme, quel développement
n'a-t-elle pas reçu par les admirables travaux de Mauper-
tuis, de Cassiny, de Lacaille, de l'abbé Chappe, de Le-
monnier, du major de Zach, de Herschell, de Lalande, de
Laplace, de Lagrange, de Bouvard, et de la princesse de
Saxe Gotha, dont les talens et les connoissances astrono-
miques rappellent Guillaume de Hesse-Cassel, qui vivoit il y
a deux siècles ?

Rai, Tournefort, Linnée, Haller, Jussieu, ont porté la
lumière dans la botanique ; Wallerius, Cronstedt, Bergman,
Werner de Freyberg, Kirwan, Hauy, l'ont porté dans la
minéralogie. Leeuwenhoeck nous a donné des instructions
sur l'homme ; Lyonnet, Reaumur, Bonnet et Roesel nous en
ont donné sur les insectes ; Pallas, Trembley, Levaillant,
Lacepède, sur diverses espèces d'animaux ; Saussure, Spal-
lanzani, Ferber, Dolomieu, Deluc, sur la théorie de la
terre. Adanson a écrit l'histoire naturelle du Sénégal ; et
Buffon, l'histoire naturelle universelle. Quelle immense distance entre les ouvrages d'Aristote, de Théophraste et de
Pline, et ceux de nos naturalistes modernes !

Des dépôts précieux de toutes les productions des divers
pays, ont été formés à l'envi par les hommes puissans et
riches. Le luxe a rendu un culte à la science. La nature,
observée par le mérite modeste et laborieux, dans les déserts, dans le champ du pauvre, a eu ses temples et ses
autels dans les palais des rois.

Avec ces secours, chaque peuple a mieux connu ses ressources locales. La France n'a plus envié à la Perse, ses
turquoises ; à l'Égypte, ses granits ; à l'Angleterre, ses
pierres mouchetées ; à la Suède, la plupart de ses mines.

Les arbres, les plantes, et les animaux d'une contrée, ont
été amenés et naturalisés dans l'autre. Il s'est établi une
sorte de communauté de biens, par laquelle, dans chaque
coin de la terre, l'homme a pu entrer, pour ainsi-dire, en
participation de la terre entière.

Les Nains des hautes montagnes de Madagascar, ceux de
la Laponie, qui, selon les observations du père Senovics et
du père Hell, ne sont que des Hongrois ou des Tartares dé-
gradés. Les noirs de l'Afrique, qui changent de couleur

par leur mélange avec les blancs, ou en s'établissant dans des régions moins brûlantes, ont prouvé combien les divers climats modifient les mêmes espèces, et combien il seroit absurde de supposer légèrement des espèces différentes d'après des modifications variables qui n'ont leur source que dans la différence des climats.

Les animaux domestiques ayant été mieux observés, nous nous sommes occupés davantage, et avec plus de succès, de leur éducation. De-là, la multiplication, et le perfectionnement des Haras, et tant d'autres établissemens pareils. Quant aux animaux *ovipares*, l'art a même dérobé à la nature le secret de son pouvoir créateur, pour les multiplier.

Enfin, il n'est point d'être sur le globe qui ne soit entré dans le patrimoine de l'homme, et qui ne soit devenu l'objet de sa curiosité ou de ses jouissances.

L'ancienne chimie a fait place à une chimie nouvelle qui a tout changé jusqu'aux noms, et c'est aux Français à qui l'on est redevable de cette révolution importante. Déjà, les principes en sont adoptés en Angleterre. L'Allemagne résiste encore ; mais sa résistance fera notre triomphe.

On a vu disparoître la médecine spéculative qui a été si long-temps le fléau de l'humanité. On ne parle plus des élémens de Galien, des fourneaux de Paracelse, du duumvirat et de l'archée de Van-Helmont, de l'ame rationnelle de Stahl. On se désabuse tous les jours du système de Brown. Hippocrate, oublié pendant deux mille ans, est rentré en grâce, parce qu'au lieu de bâtir des systèmes, il avoit su observer la nature. Les recherches de Santorius sur la transpiration insensible, celles d'Harvey, sur la circulation du sang, les divers ouvrages de Sydenham, de Baillou, de Boerhaave, et de tant d'autres, ont fondé une médecine prati que , qui a pu s'appeler à juste titre , *l'art de guérir* , et qui a été perfectionnée par les Huxham , les Tissot , les Bordeu , les Barthez , les Tronchin , les Portal , les Sénac , les Lieutaud , les Vicq-d'Azyr , les Camper.

L'anatomie a été cultivée avec plus de soin. A l'aide du procédé de Graaf , de Swammerdam , de Ruisch , de Malpighi , de Lieberkuhn , pour l'injection des liqueurs colorées dans les vaisseaux des corps organisés , on a découvert des vaisseaux que l'on ne soupçonnoit même pas. Ferrein a constaté l'existence des artères lymphatiques , découvertes par deux grands anatomistes du Nord , Olaus-Rudbeck et Thomas Bartolinus. On doit à Assellius et Pecquet la connoissance des vaisseaux lactées. On connoit les recherches de Mascagni , de Hunter , de Newton et de Cruinshank , sur les mêmes objets. L'anatomie a encore été enrichie par les travaux d'Albinus , par ceux de Haller , qui nous a donné ses admirables élémens de physiologie. Ce dernier , en observant les yeux des poissons , est parvenu à découvrir par l'anatomie comparée , que la rétine est le véritable organe de la vision. Morgagni et Monroé ont profondément étudié le genre nerveux. Galvani a fait des expériences importantes sur le même objet. En 1796 , Sue a répété les mêmes expériences , et en a fait de nouvelles pour connoitre qu'elle est dans les nerfs et dans les fibres musculaires , la durée de la force vitale , soit par des effets spontanés , soit par le contact des substances métalliques. Il est vraisemblable que ces expériences conduiront à des lois plus précises sur les phénomènes de la vitalité. Aucun des fils les plus déliés de notre organisation n'a échappé aux grands maîtres. La chirurgie , fille de l'anatomie , a été mise en honneur , pour le bonheur des hommes , et l'on connoit tous les prodiges de cet art.

L'anatomie comparée , qui nous avoit donné tant de salutaires instructions pour la santé des hommes, nous a engagés à nous occuper de celle des animaux qui sont au service de l'homme. L'art vétérinaire a été créé et perfectionné.

Les travaux des chimistes ont donné l'être à la pharmacie. Ils ont aidé à découvrir certaines lois de la nature, qui ont été appliquées ensuite aux autres parties de la physique. Ils ont été du plus grand secours pour tous les genres de fabrication. Ils ont perfectionné la teinture, en multipliant les nuances de couleurs, et en augmentant leur solidité. Lewis et Chaptal, ont fait, en général, l'heureuse application de la chimie à tous les arts qui en dépendent.

Enfin, Hoffman avoit fait l'application des règles de la mécanique à la médecine, et cette application eut pu être utile, si on n'en avoit étrangement abusé. Mais des médecins-mécaniciens et algébristes, ont porté le délire jusqu'à traiter le corps humain, cette machine si compliquée, comme l'on pourroit traiter la machine la plus simple et la plus facile à décomposer. C'est une chose singulière de les voir résoudre, d'un trait de plume, et en un instant, des problèmes d'hydraulique, et de statique, qui occuperoient les plus grands géomètres, pendant toute leur vie.

Le grand effet de nos connoissances, comparées et unies entr'elles par d'utiles alliances, a été de ramener la spéculation à la pratique, et de soumettre la pratique à des règles. La science ne s'est plus isolée de l'expérience, et l'aveugle routine a été bannie ».

NEUVIÈME PHRASE.

Du Mécanisme.

« La mécanique, autrefois abandonnée à des esclaves, l'avoit

T

été dans nos tems modernes à d'aveugles mercenaires. Les arts, qui en dépendent, n'étoient alors appréciés qu'en raison inverse de leur utilité. Un faux goût pour les choses frivoles et difficiles, faisoit préférer un ujoueur de gobelets à un ouvrier estimable. Aussi n'y avoit-il que des artisans, et point d'artistes. Le développement du commerce, qui nous fit sentir de nouveaux besoins, et l'esprit d'observation, qui nous découvrit de nouveaux rapports, nous rapprochèrent insensiblement de tout ce qui est vraiment utile. La mécanique occupa les hommes de génie et les savans. Au point où nous étions parvenus, les relations commerciales et politiques, qui s'étoient établies entre les différens peuples, exigeoient des voyages de long cours. Pour ces voyages, il fallut des navires construits avec plus de hardiesse et de solidité. Chapman fit un traité sur le grand art de la construction. D'autres auteurs, après lui, nous ont éclairés par de nouvelles observations. Que de lumières ne devons-nous pas, sur la même matière, aux profondes recherches du chevalier de Borda ! Chacun de nos arsenaux est devenu une encyclopédie-pratique des arts. Nous avons des bassins de construction dans tous nos ports. Le bassin de Toulon, dont nous sommes redevables au génie de Grognard, et à l'administration de Malouet, alors intendant de la marine dans le département de la Méditerranée, est un chef-d'œuvre qui étonne les connoisseurs. Darson a imaginé les batteries flottantes, dont l'invention honorera toujours son auteur, quoique l'essai en ait été si malheureux au dernier siége de Gibraltar.

Vauban et Cohorn avoient créé, sous Louis XIV, l'art des fortifications. Les Dubourcet, les Milet et autres ingénieurs célèbres ont achevé l'ouvrage de Vauban.

Un corps d'hommes distingués par leurs talens et par leurs
travaux, est consacré parmi nous, aux progrès de l'artille-
rie, et nous avons la consolation de penser qu'en avançant
dans cet art malheureux et nécessaire, nous réussirons à
rendre l'action, dans les combats, à–la–fois plus décisive,
plus prompte et moins sanglante.

Les forces et les agens de la nature sont devenus les nôtres,
et ont été appropriés à tous nos usages. De–là, les moulins
à vent, les moulins à eau, les moulins économiques, les
bâtimens de graduation dans les salines, les pompes à feu,
les machines de toute espèce, destinées aux différens besoins
de la vie.

L'industrie active de nos mécaniciens a voulu imiter les
ouvrages les plus déliés du créateur. On a vu sortir de la
main de Vaucanson, des automates qui digéroient. L'abbé
Mical avoit construit des têtes de fer qui parloient et pro-
nonçoient distinctement.

Les plus hautes sciences, les arts les plus usuels, et, en
apparence, les plus serviles ont été enrichis par les découvertes en tout genre, qui ont été faites dans la mécanique.
Le microscope et le téléscope inventés par Zacharie Jansen,
ont étendu nos connoissances dans l'histoire naturelle et dans
l'astronomie. Les phénomènes de l'air, de l'élément le
plus subtil, ne nous échappent plus : Otton de Guérike nous
les a rendus sensibles par la machine pneumatique. La ba-
lance hydrostatique, dont Bayle le naturaliste faisoit si grand
cas, sert à nous faire connoître la pésanteur spécifique des
corps. Avec le spectre solaire de Dauberton, nous avons
mesuré les couleurs ; avec les montres, les pendules, nous
avons mesuré le tems, et nous sommes parvenus à lui donner
une voix. Nous avons trouvé le moyen de déterminer la figure de la terre, de fixer les longitudes, de purifier l'air

dans les vaisseaux et dans les édifices , de rendre l'eau de la mer potable , de mouvoir de plus grandes masses , de composer et de décomposer les corps , de perfectionner l'agriculture par de nouveaux instrumens aratoires qui donnent plus de grain avec moins de semence et de peine ; enfin , d'exercer notre industrie et notre curiosité sur une foule d'objets que notre imagination même ne pouvoit atteindre.

Archimède disoit : que l'on me donne un point d'appui , et je soulèverai le monde. La mécanique perfectionnée est ce point d'appui. Par elle , l'homme a acquis de nouveaux sens , un nouvel être , de nouvelles forces ; il a pu se mesurer avec la nature même.

Comme nous avons comparé nos diverses connoissances , nous avons aperçu leur liaison. Elles sont devenues , à notre profit , tributaires les unes des autres. L'astronomie a éclairé le navigateur et le géographe. C'est en lisant dans les cieux, que Colomb et Cassini ont appris à mesurer et à connoître la terre. Le cultivateur a été guidé par le météorologiste. L'optique s'est enrichie des découvertes de l'anatomie. Ainsi, c'est l'observation anatomique de la structure de l'œil , qui suggéra au célèbre Euler , l'idée heureuse de former des objectifs , de deux matières différemment réfringentes , pour faire disparoître , dans les lunettes dioptriques , l'aberration de la lumière.

Le fermier , le propriétaire , ont trouvé d'importantes instructions dans les ouvrages de Duhamel , de Gaertner , sur les arbres , les fruits , les semences ; dans ceux de Sauvage, sur l'éducation des abeilles et des vers—à—soie ; dans les Traités de l'abbé Rosier , sur la vigne et d'autres productions , dans le *Dictionnaire général d'agriculture* , publié par le même auteur , dans une multitude d'autres ouvrages , et principalement dans les excellens écrits d'Artur-Young. Il est pour tous les artistes des théories rédigées par les hommes les plus distingués , et garanties par les expériences les plus certaines et les plus multipliées. Les procédés les plus difficiles et les plus compliqués , ont été mis à la portée du moindre ouvrier. Chaque artiste pouvoit à peine connoître le mécanisme de l'art qu'il exerçoit : la science , qui se tient dans une région plus élevée , et qui a saisi tous les fils de communication , lui montre , par des méthodes faciles , les ressources qu'il peut emprunter de tous les arts. De grands maîtres dirigent les travaux pour les salpêtres. Il y a des écoles vétérinaires dans nos principales villes. Nous avons à Paris un cours d'architecture rurale , un cours pour la chimie appliquée aux arts , une école pour l'exploitation des mines , et une école polytechnique pour l'application des sciences exactes à tous les travaux utiles à la société.

Les lunettes acromatiques et le miroir d'Archimède , exécuté par Buffon , sont deux exemples bien faits pour nourrir ce désir ardent de connoître , qui doit animer tous nos travaux.

Lorsqu'après un orage affreux , arrivé pendant la nuit , César vit les dards de la cinquième légion briller d'une lumière spontanée , ce fut pour lui et pour son siècle , un phénomène qui tenoit du prodige. Eût-on pu croire que nous découvririons , un jour , la liaison de ce phénomène avec d'autres faits qui , par les observations et les expériences des Nollet , des Francklin , des Charles , nous mettroient à portée de diriger la foudre , et de nous défendre contre le feu du ciel ?

Avant les Montgolfier , les Pilate de Rosier , les Charles , les Blanchard , eût-on cru possible de s'élever et de voyager dans les aérostats ?

Disons avec Sénèque, que d'autres secrets seront révélés à nos neveux, et que l'esprit humain, en roulant à travers les siècles, pénétrera toujours plus avant dans les merveilles du Créateur.

Mais c'est une règle générale en physique, qu'il ne faut aller que d'un fait à un autre fait. Inventer n'est que découvrir. Il est permis sans doute de conjecturer, mais pourvu que ce soit d'après des faits bien observés, et dans l'objet d'arriver par de nouvelles expériences, aux faits que nous cherchons.

« Le sceptique, qui repousse tout ce qu'on lui présente, dit sans cesse : *Pourquoi cela serait-il ?* L'homme qui se livre à toute espèce de conjectures, dit au contraire : *Pourquoi ne serait-il pas ?* Le premier ne croit rien, parce qu'il résiste aux preuves ; le second n'a pas besoin de preuves pour croire. L'un méconnoît la nature ; l'autre met, à la place des phénomènes de la nature, les rêves de son imagination ».

⊕⊚⊕⊕⊕⊕⊕⊕⊕⊕⊕⊕⊕⊕⊕⊕⊕⊕⊕⊕⊕⊕⊕⊕⊕⊕⊕⊕⊕⊕⊕⊕⊕⊕⊕⊕⊕⊕⊕⊕

DIXIEME PHRASE.

De la Conscience.

« Les hommes sont témoins et juges des actions des hommes ; ils distribuent l'estime et le blâme, les supplices et les récompenses ; mais qui sera témoin et juge des pensées ou des motifs qui produisent ces actions ? C'est pourtant le motif qui constitue la véritable moralité de l'acte. On n'est point vertueux si on n'a pas intention de l'être. Que d'erreurs, que d'injustices dans les jugemens humains ! Combien de fois n'a-t-on pas présenté, dans la question que nous traitons, le spectacle affligeant du crime impuni, souvent heureux, et

de la vertu opprimée ? Quelque justes d'ailleurs que soient
les hommes, les crimes cachés et les vertus obscures ne
sauroient-être de leur ressort. Qui pourra jamais sonder les
profondeurs du cœur humain ? La justice qui ne se rapporte
qu'aux actions utiles ou dangereuses pour nos semblables,
est uniquement faite pour les besoins variables et les intérêts
passagers de la société. Mais ne découvrirons-nous pas de
nouveaux rapports pour l'homme, dans ces sentimens sublimes qui soutiennent ou élèvent son ame, dans ces grandes
pensées qui l'embellissent, dans ces prodiges secrets de force
ou de foiblesse, de misère ou de grandeur, de perfidie ou de
générosité, de résignation ou de rage ; en un mot, dans tous
ces phénomènes intérieurs, éclairés seulement par la conscience, cet astre invisible qui lance par fois des étincelles au
dehors, mais qui est constamment attaché à un ciel autre que
celui qui tombe sous nos sens.

La conscience ! Quel mot ai-je prononcé ? Que je plains
l'aveuglement de ceux qui n'en parlent que comme si elle
étoit l'unique enfer du méchant, et le tombeau du juste !
La conscience réfléchit sur chaque individu la lumière qu'elle
reçoit elle-même de la raison suprême. Elle est le signe, le
lieu, et non le terme de nos rapports avec l'éternelle équité.
Tous les sentimens qu'elle réveille, tous les jugemens qu'elle
porte, dirigent les regards de notre ame vers une nouvelle région. Je ne nie point que le remords ne soit déjà une peine
par les chagrins cuisans qui l'accompagnent et qui nous dé-
chirent ; mais il devient un présage par les sombres terreurs
qui s'y mêlent. Si le crime suffit pour autoriser l'action de la
justice humaine, un repentir sincère et touchant qui ne peut
être jugé par les hommes, nous découvre une autre justice.
Le malheureux qui ouvre son âme à ce sentiment, qui dé-
clare cet appel à la clémence divine, et qui expire sur un lit
de douleur, dans les fers ou sous le glaive de la loi, attend

la miséricorde après les tortures, et il voit poindre l'aurore
d'un nouveau jour. Je le demande à tout esprit raisonnable
et de bonne foi : le repentir, ce compagnon secourable de
notre foiblesse, n'est-il pas évidemment la preuve et le gage
de notre immortalité ? D'autre part, si je jette les yeux sur
l'homme juste, je le trouve heureux par le témoignage de sa
conscience. Mais n'a-t-il pas toujours à lutter contre ses
passions et celles des autres ? Son cœur n'est-il pas conti-
nuellement travaillé par cette méfiance délicate qui lui fait
craindre, à chaque instant, de rencontrer un écueil pour sa
vertu, dans sa vertu même ? N'auroit-il donc plus rien à
attendre pour son bonheur ? Ah ! son espérance le précipite
au-devant d'un avenir dont la perspective encourage tous ses
efforts et le console de tous ses sacrifices ? Notre conscience
où naissent nos plus sérieuses craintes et nos espérances les
plus élevées, nous porte donc sans cesse vers une nouvelle
terre et vers un nouveau ciel. J'ajoute que les rapports dont
elle est le lien, sont de nature à ne finir jamais. Car la
communication qu'ils nous ouvrent, n'est pas seulement avec
des êtres semblables à nous ; mais avec cette sagesse éternelle,
avec cette haute intelligence par qui tout est, et qui subsistera
éternellement.

Au surplus, le sceau de l'immortalité fut gravé dans notre
ame avec celui de la perfectibilité. L'homme, comme être
physique, n'a qu'une existence limitée dans sa forme, dans
ses progrès, dans sa durée. Mais qui peut assigner des limites à son existence intellectuelle et morale ? Il dispose
des choses qu'il connoît, il poursuit celles qu'il ne connoît
pas. Tout ce qui est compréhensible est du ressort de sa
raison. Tout ce qui peut être aimé, admiré ou senti est du
ressort de son cœur. Il se montre par-tout comme le roi
de la nature, et il s'élance jusqu'à son auteur. Qu'y a-t-il
d'extraordinaire qu'on ait dit que tout est fait pour l'homme,

puisque , de tous les êtres connus , l'homme est le seul qui
sache user de tout ? Les mystères qu'il rencontre , l'éton-
nent , et ne le découragent pas. Si son ignorance semble
attester sa foiblesse , le sentiment pénible de cette ignorance
constate son aptitude et sa force. Pourroit-il se trouver
malheureux d'ignorer la vérité , s'il n'étoit appelé à la connoître ? Il a honte de ses imperfections , tant est profond
chez lui le sentiment qu'il a de sa noble destinée. Son ame
active se proportionne à tous les objets qui l'occupent. Ainsi
les grandes vertus naissent des grandes occasions, les grandes
circonstances font les grands hommes. Que dirai-je de l'instinct particulier qui pousse notre espèce vers le bonheur , et
de nos méprises journalières qui nous poussent avec violence vers des plaisirs trompeurs et de frivoles jouissances ?
Tardons-nous à connoître l'erreur ? Ces jouissances et ces
plaisirs ne sont que des situations ; le bonheur, qui fait
l'objet de nos recherches , est un état. Courant sans cesse
après cet état qui fuit , l'homme parcourt avec inquiétude
tous les objets qui s'offrent à lui , sans pouvoir se reposer
sur aucun. Moins occupé de ce qu'il est , que de ce qu'il
sera , il s'abandonne à une éternelle agitation , il ne vit jamais , il espere toujours de vivre. Ah ! la vie présente n'est
donc que le songe de la vie ; ne tiendrons-nous jamais la
réalité » ?

ONZIÈME PHRASE.

De l'imitation de la nature.

« Imiter la belle nature , est le but commun des littérateurs
et des artistes. Mais la manière de remplir ce but ne sauroit être la même pour les uns et pour les autres. Chaque
art, chaque genre a son caractère , ses ressources , et ses li-

V

mites. Indépendamment des principes communs à tous les arts, chaque art a donc ses règles particulières. Mais comme l'on exagère tout ce qui est de mode, dès qu'on commença à devenir observateur, on multiplia les préceptes et les livres réglementaires ; un pédantisme grotesque, sous le nom de rhé-thorique, s'empara de la littérature, voulut tracer et com-mander les mouvemens des passions dans un discours ou dans un poème, comme l'on régloit la forme et la marche d'un syllogisme, dans une école de théologie. Dans les autres arts, la routine ne fut d'abord remplacée que par des théories plus propres à rétrécir le talent qu'à le diriger. On se hâtoit de publier des règles et des maximes sur tout, sans se donner le tems, et sans avoir encore le moyen de les faire bonnes.

Les principes du goût dérivent de la nature et de la raison. Ils tiennent à un petit nombre d'observations incontestables sur notre manière de voir et de sentir. Mais nous ne les avons bien connus, que lorsqu'à l'aide d'une métaphysique sage et éclairée, nous avons su analyser les causes de nos plaisirs, démêler le beau essentiel du beau de convention, distinguer les notions générales et communes à tous les peuples, d'a-vec celles qui sont modifiées par le caractère, le génie, le degré de sensibilité des nations et des individus.

En général, les hommes sont trop habitués aux miracles de la vie, pour pouvoir, d'eux-mêmes, se rendre attentifs aux beautés qu'ils ont sous les yeux. Quelques ames privilégiées, qui savent se tenir religieusement en présence de la nature, cultivent les beaux arts ; et, qui le diroit ? ce sont les pro-diges journellement opérés dans les beaux arts, qui rappellent le gros des hommes aux prodiges de la nature. Nous sommes indifférens, tant que nous sommes peu instruits. Il suffit de comparer les peuples sauvages aux peuples civilisés, pour être convaincu que nous demeurons étrangers à tout ce qui nous environne, jusqu'à ce que nous ayons signalé notre existence par nos productions, jusqu'à ce que nous ayons, pour ainsi-

dire, refait à notre manière, et, en quelque sorte, copié de
nos propres mains, le monde que nous habitons. Nous res—
semblons un peu aux insectes, qui ne se croient établis, que
quand ils ont tissu leur toile.

Parmi les beaux arts, il en est qui parlent plutôt aux sens
qu'à l'imagination, à l'esprit, ou au cœur. D'autres parlent
plutôt à l'esprit, au cœur, ou à l'imagination qu'aux sens.
La peinture, la sculpture, l'architecture, la musique, peu—
vent être rangées dans la première classe ; l'éloquence et la
poésie, dans la seconde. Le bon goût, en tout genre, est d'imi—
ter la nature avec le plus de fidélité, de force et de grace qu'il
est possible. Mais l'effet d'une imitation directe et propre—
ment dite, ne peut réellement se vérifier que sous la main
du peintre et sous celle du sculpteur. La peinture et la sculp—
ture sont, de tous les arts, les seuls qui puissent offrir à la
vue, la forme ou la figure des choses naturelles qu'ils se char—
gent de représenter. L'architecture née du besoin et perfec—
tionnée par le luxe, imite plutôt les procédés que les ouvra—
ges même de la nature ; ainsi un architecte n'emprunte pro—
prement de la nature que les idées de régularité et de symé—
trie que la nature elle—même observe, plus ou moins, dans
ses diverses opérations. La musique, considérée seule et comme
abandonnée à ses propres forces, paroît bornée à un bien petit
nombre d'images : ses sons ont presque toujours besoin de
recevoir un sens. De là, sa véritable place est à côté d'une
idée énoncée ou d'un sentiment exprimé. Quant à l'éloquen—
ce et à la poésie, elles n'opèrent que par des signes qui,
agissant plutôt sur l'âme que sur les sens, sont bien moins une
peinture, qu'une seconde création des objets que l'on se pro—
pose d'imiter ou d'exprimer.

Comme pour plaire, en quelque genre que ce soit, il s'a—
git de remuer et d'intéresser tout l'homme, nous ne devons
pas négliger l'intervention des sens, dans les arts qui parois—
sent s'adresser plus particulièrement à l'esprit, au cœur, à
l'imagination ; et nous ne devons pas négliger l'imagina—

tion, l'esprit ou le cœur, dans les arts qui paroissent n'aboutir qu'aux sens. Aussi le célèbre sculpteur qui a
fait la statue colossale du Czar Pierre, à Pétersbourg, n'a-
t-il pas voulu parler à l'imagination et à l'esprit autant qu'aux
yeux, lorsqu'il a représenté, comme soutenu par un serpent,
le cheval qui porte cette statue, et lorsqu'il a placé le tout
sur un piédestal qui n'est qu'un immense rocher à franchir?
Quelle richesse d'idées, et quelle expression de sentiment dans
les tableaux des grands peintres! D'autre part, Démosthène
et Cicéron ont-ils négligé l'art des gestes et l'harmonie des
paroles dans leurs harangues? Dans la poésie, la raison n'est-
elle pas contrainte de faire de légers sacrifices à l'oreille?

Dans les sciences, on est réduit à chercher et à découvrir;
dans les beaux arts, on est réduit à imiter. Le savant doit
être circonspect, et l'artiste doit être fidèle. Celui-ci doit
se préserver de l'esprit d'exagération, autant que l'autre doit
se défendre contre l'esprit de système. Le vrai peut fort bien,
en mille occurrences, ne pas nous paroître beau ou aimable;
mais il n'y aura jamais de beau et d'aimable que le vrai. Tout
ce qui est hors de la nature ne touche plus. La fiction même,
si elle veut avoir quelque succès, est forcée de prendre le
masque de la vérité.

Mais qu'est-ce donc que ce vrai d'imitation, sans lequel
le beau et l'aimable ne sauroient exister dans les ouvrages des
hommes? Il consiste à rendre ou à produire l'impression que
fait naturellement l'objet ou la chose que l'on veut peindre
ou représenter. Le vrai d'imitation est manqué, par exemple,
si, lorsqu'on voudroit être triste, on n'est qu'ennuyeux; si
l'on prend le faux pour le brillant, le guindé pour le gracieux, l'enflé pour le sublime; si l'on se croit obligé d'ou-
trer le sentiment ou l'esprit, pour montrer de l'un ou de
l'autre. Le vrai d'imitation est encore manqué, si on ne rend
point le coloris de chaque chose, et le caractère de chaque
situation; si l'on veut peindre les actions et les hommes, sans

égard aux circonstances des lieux et des tems ; si l'on suppose arbitrairement des passions ou des affections inconnues
au cœur humain ; en un mot, si, en quelques genre que ce
soit, on choque les proportions, ou si on blesse les convenances naturelles.

Je ne parlerai point des ouvrages ridicules dans lesquels
chaque mot est une invraisemblance et un contre-sens, ou
une absurde hyperbole, et qui, par cela même, ont été
condamnés à un éternel oubli. Mais je dois faire remarquer
que toutes les fautes contre le vrai, proviennent toujours ou
d'un défaut de connoissance, ou d'un défaut de sensibilité,
ou d'un défaut d'attention, et les fautes contre le vrai, qui
n'ont leur source que dans un défaut de connoissance ou d'instruction positive, se rencontrent quelquefois dans les plus admirables productions du génie ».

DOUZIÈME PHRASE.

Jugement de l'Espèce humaine.

« Les femmes ont un goût particulier pour tout ce qui
flatte l'esprit et remue le cœur. Elles aiment dans les arts
et dans les livres, ce qu'elles aiment dans la société. Elles
ne veulent pas qu'on leur dise tout : pour les satisfaire, il
faut qu'on leur donne beaucoup à deviner. Le plaisir de pénétrer un secret, leur paroît préférable à celui d'en recevoir
la confidence. Ce qui frappe ne les saisit pas autant que ce
qui plaît. Elles exigent un certain sérieux dans les choses
frivoles, et une certaine gaîté dans les choses sérieuses.
La beauté ne leur suffit pas, elles exigent la grâce. Elles ne
pardonneroient pas à un auteur ou à un artiste qui manqueroit
des qualités nécessaires ; mais elles ne lui savent gré que de
celles qui sont aimables.

Indépendamment de l'âge et du sexe , combien d'autres causes n'influent-elles pas sur le goût des particuliers ?

Celui qui vit dans la retraite , fait cas de ce qui est profond , et ne se doute pas même de ce qui n'est que fin. Il n'y a que les personnes très-répandues , qui n'épuisent pas leur attention sur les grands traits et qui s'habituent à tout voir , parce qu'elles s'habituent à tout comparer.

Un esprit froid et juste ne cherche , dans un ouvrage d'agrément , que l'accord des idées. Un grammairien austère n'y cherche que la propriété des mots et la régularité des constructions. Un homme à imagination n'y fait cas que des images et du coloris. Un homme d'affaires , dont la sensibilité est desséchée par des occupations intéressées , ne sent rien ou peu. Un autre ne juge d'une production littéraire , que par les rapports fortuits ou accidentels qu'elle peut avoir avec sa profession. Enfin , dans tous les genres , il est des beautés qui font tressaillir les âmes délicates , et qui ne font que glisser sur les âmes communes.

Mais , malgré toutes ces différences dans les goûts particuliers , il existe un goût public , un goût général qui ne trompe pas. La masse des hommes , à moins qu'elle ne soit égarée ou séduite , juge sainement de chaque chose ; quoiqu'il y ait si peu d'hommes , dans cette masse , qui puissent juger sainement de tout.

Les connoisseurs qui ont l'avantage d'une vue long-tems exercée sur celle qui l'est moins ou qui ne l'est pas , sont par-tout le plus petit nombre ; mais l'instinct de la majorité est toujours bon , s'il n'est étouffé par quelque prévention ou par quelque habitude nationale. Je sais qu'aucun homme ne ressemble proprement à un autre ; mais tous les hommes ont des rapports communs pour lesquels ils appartiennent à leur espèce. Les différences qui existent entre les hommes , sont

la source de l'extrême diversité des affections et des habitudes
individuelles ; mais les rapports communs d'organisation ,
d'intelligence et de sensibilité , par lesquels tous les hommes
appartiennent à leur espèce , sont la source de leurs affections
et de leurs inclinations communes. Or, c'est parce que les
hommes ont plutôt , entr'eux , des rapports et des ressemblances que des parités , c'est parce qu'ils ne sauroient s'accorder sur les points précisément dans lesquels il diffèrent ,
c'est conséquemment parce que les préventions ou les habitudes individuelles , et les goûts particuliers ne portent pas
sur les mêmes objets, qu'il reste toujours, pour chaque objet , une pluralité saine, et capable de prononcer avec autant
de justesse que d'impartialité ».

⬤⬤⬤⬤⬤⬤⬤⬤⬤⬤⬤⬤⬤⬤⬤⬤⬤⬤⬤⬤⬤⬤⬤⬤⬤⬤⬤⬤⬤⬤⬤⬤⬤⬤⬤⬤⬤

TREIZIÈME PHRASE.

De l'Historien.

« Il est des écrivains qui , pour leur instruction et celle
des autres , tiennent registre de ce qui se passe sous leurs
yeux , et transmettent à la postérité les faits et les événemens
de leur siècle. La philosophie pèse le rôle qu'ils jouoient
eux-mêmes dans le monde, leur caractère, leur intérêt, leurs
préjugés , leurs lumières , leur langage.

Étoient-ils simples témoins ou acteurs dans la scène? L'acteur qui est sur le théâtre , et qui voit le jeu secret de toutes
les machines , est à portée de mieux connoître ce qui arrive.
Le simple témoin , dans le silence des passions , est capable
d'en mieux juger. Mais , si l'on peut craindre que celui-ci
soit moins instruit, celui-là n'est pas plus suspect? L'acteur qui écrit , prend souvent un langage d'apprêt , comme
en agissant , il prenoit son habit de parade. On est autorisé
à espérer plus de sincérité de la part du simple témoin.

César , qui n'avoit que de grandes choses à raconter dans sa
propre vie , conserve le ton de l'historien , en parlant de lui-
même.

Il est des choses qui sont toujours obscures et qui échappent aux yeux de tous les contemporains , quand elle ne nous
ont pas été révélées par les hommes mêmes qui étoient dans
le secret.

Toutes les affections dont les hommes sont susceptibles ,
peuvent agiter l'ame d'un historien. Il importe donc de re-
connoître les différens langages de la simplicité , de la flat-
terie , de la prévention et de la haine. Il faut examiner un
historien comme on examineroit un témoin en justice. Celui
dont le style montre de la vanité , peu de jugement , de l'intérêt ou quelqu'autre passion , mérite moins de créance qu'un
autre qui est sérieux , modeste , judicieux , et dont la vertu
et la sincérité sont d'ailleurs connues. Dans chaque nation ,
on doit préférer l'habitant à l'étranger.

Mais à quoi nous serviroient les faits les mieux constatés ,
si nous ne devions en retirer aucune instruction utile ? C'est
pour régler notre conduite au milieu des hommes avec lesquels
nous vivons , que nous avons besoin d'étudier et de connoître
ceux qui ne vivent plus.

Les maximes et les préceptes ne nous suffisent pas , il faut
des exemples. Peu de gens , dit Tacite , distinguent par le
raisonnement , le juste de l'injuste , l'utile du nuisible. La
plupart s'instruisent par ce qu'ils voient arriver aux autres.
L'exemple parle aux passions , et les engage dans le parti
du jugement. Selon Bolinbroke , le génie même , sans
culture , au moins sans la culture de l'expérience , est ce
qu'on croyoit autrefois qu'étoient les comètes , un météore
éclatant , irrégulier dans son cours , et dangereux dans ses
approches , de nul usage pour aucun système , et capable de
les détruire tous.

On savoit parfaitement le nombre des guerres qu'un peuple avoit été forcé de soutenir, et celui des conquêtes qui l'avoient agrandi ou démembré ; on ne connoissoit ni ses mœurs, ni ses lois, ni les ressorts de son gouvernement, ni son administration intérieure.

On ignoroit l'art d'analyser les événemens. On étoit à-la-fois minutieux et inexact dans les détails, parce qu'on les recueilloit sans vues, et qu'on les plaçoit sans discernement. A la vérité, il a existé une époque dans nos tems modernes, pendant laquelle la sécheresse de nos récits historiques ne doit pas être uniquement imputée à celle de nos historiens. A la chûte de l'empire romain, l'histoire des nations parut finie ; on ne vit plus ni vertus publiques, ni caractère national ; la barbarie couvrit le monde ; l'humanité sembla retomber dans l'état sauvage. On a très-bien dit que la nature se reposa quatre siècles pour produire Charlemagne, et que la longue influence des institutions de ce prince, qui subsistoit encore sept cents ans après lui, donna une nouvelle vie au monde. Cependant, même dans les tems antérieurs à Charlemagne, des historiens habiles auroient pu présenter, avec intérêt, ce long et terrible sommeil de la nature humaine. Ce qui est certain, c'est qu'on n'a pas mieux écrit les annales des peuples, quand on a eu de meilleurs matériaux, et en plus grand nombre.

Qu'est-ce que l'histoire quand elle ne tient registre que de certains faits ? Qu'est-elle, surtout quand elle semble ne parler de ces faits que pour en marquer l'époque, sans assigner leurs causes plus ou moins sensibles, sans observer leur liaison avec d'autres faits ? Qu'importe à un militaire qui veut s'instruire, de savoir que Catinat a triomphé dans un tel combat, si la cause qui a déterminé la victoire, lui demeure inconnue ? Un homme d'état gagnera-t-il beaucoup pour son instruction, à connoitre les événemens qui ont fait

X

éclater une révolution, si on ne déroule pas à ses yeux, les circonstances lentes et progressives qui avoient peut-être rendu la révolution inévitable, avant ces événemens mêmes?

Le grand avantage de l'histoire, telle qu'elle doit-être écrite, est de présenter, non de simples faits isolés comme ceux qui nous sont fournis par l'expérience journalière, mais des exemples complets, c'est-à-dire, des faits dont on puisse voir à-la-fois les principes et les suites. L'histoire est, par sa destination naturelle, un cours de sagesse pratique. Un historien ordinaire expose les faits : un historien philosophe remonte aux causes, et déduit les conséquences. Dans l'univers moral, il étudie les actions humaines et les événemens qu'elles produisent, avec la même circonspection qu'il étudie les phénomènes de la nature, dans l'univers physique.

Quand l'histoire ne conserve que le dépôt de certains faits, elle est doublement défectueuse, en ce qu'elle ne montre les hommes que d'un côté, et qu'elle montre encore plus les événemens et les actions que les hommes. Mais elle est absolument nulle, lorsque, se bornant à raconter des événemens et des faits, sans en indiquer les rapports, elle n'offre qu'une lecture presque toujours aussi insipide qu'oiseuse.

Il y a trois sortes d'histoires; les vies particulières ou les mémoires, les annales des diverses cités ou des nations diverses, et celles du monde dans l'espace d'un siècle ou de plusieurs. Je ne parle point des abréviateurs qui n'ont souvent que le talent de nous donner un mauvais livre à la place d'un bon, et qui, en cherchant à plaire aux hommes qui se contentent d'extraits et d'abrégés, font oublier des originaux estimables, et font perdre le goût des connoissances approfondies. C'est un mal d'abréger une bonne histoire, et celle qui a besoin d'être abrégée, mérite peu d'être lue, elle est à refaire.

Il n'y a eu, dans chaque pays, que quelques recueils d'a-necdotes locales sur l'origine et la conduite des premiers chefs, des premiers bienfaiteurs. Les histoires particulières, mais plus suivies, de chaque nation, ne sont venues qu'après. Il a fallu ensuite un grand fond de connoissances acquises pour concevoir l'idée d'une histoire générale, c'est-à-dire, *de cette espèce d'histoire qui, ne se renfermant ni dans les murs d'une ville, ni dans les limites d'un empire, ouvre les annales de l'univers connu, lie à la même chaîne, les évé-nemens qui intéressent les divers peuples de la terre, et formant un tout régulier de tant de parties détachées, offre, sous un même point de vue, tout ce qui s'est passé de mé-morable dans la grande société du genre humain.*

Vertot, à qui l'on peut reprocher le luxe des descriptions, est du petit nombre des historiens de son tems *qui ont su peindre sans faire des portraits.*

L'antiquité nous offroit pourtant de grands modèles pour nous diriger dans la manière d'écrire l'histoire ; mais nous n'étions pas encore assez mûrs pour en profiter. Machiavel, Guichardin, Davila, Fra-Paolo, Philippe de Comines, de Thou, Mariana, de Solis, Garcilasso, de la Véga, Zarate, Grotius, Clarendon, Burnet, sont une preuve que, sans di-tinction de siècles, il y a eu des historiens judicieux et pro-fonds, dans tous les tems de trouble, à la suite de ces tems, ou après quelque grande découverte ; parce qu'alors les leçons de l'expérience remplacent celles de la philoso-phie.

Bossuet est le premier parmi nous, qui, dans son éloquent discours sur l'histoire universelle, a porté l'esprit de com-binaison et de lumière dans la recherche et le rassemblement des faits historiques. C'est le premier qui a su s'élever à ces grandes règles, d'après lesquels un historien doit com-prendre *dans sa pensée, tout ce qu'il y a de grand parmi*

les hommes, et tenir, pour ainsi-dire, le fil de toutes les af-
faires des peuples et de l'univers.

Notre espèce tend à une perfection finale, malgré les désordres apparens qui semblent l'en détourner. Les premières
générations n'ont fait qu'ouvrir la carrière, les dernières
auront la jouissance du bonheur suprême. Ce bonheur est
le perfectionnement d'une société civile générale, suivant la
justice. Tant que les peuples seront séparés, les hommes
seront foibles et méchans. Les disputes des individus ont
fait établir des gouvernemens particuliers : les guerres des
peuples produiront un gouvernement général. Nous sommes
civilisés jusqu'au dégoût. Il ne faut pas, en parcourant les
événemens des siècles, s'arrêter à des faits ou des maximes
de détail. L'histoire de l'homme, en grand, est l'exécution
d'un plan secret de la nature, pour arriver à une constitution parfaite, intérieure et extérieure, comme le seul état
où l'homme peut développer toutes ses facultés ; mais comment trouver un fil à travers tous les désordres ? La nature
n'est jamais sans plan, on peut donc trouver un système.
L'histoire grecque doit être choisie comme le fondement.
Les Grecs influèrent sur les Romains, les Romains sur les
barbares qui les détruisirent ; l'Europe donnera un jour des
lois à tout le reste du monde.

Mais, si les histoires des peuples, si les histoires générales
ne peuvent convenir, ni à tous les âges, ni à toutes les situations, ni à tous les goûts, elles sont pourtant nécessaires
pour offrir les tableaux, les résultats et les maximes que l'on
chercheroit vainement dans les vies particulières. Rédigées
par les Roberston, par les Hume, par des philosophes qui
savent lier les faits, remonter aux causes, et indiquer les
conséquences, elles présentent un immense recueil d'expériences
morales faites sur le genre humain. Le jeu des passions y
est représenté en grand. Ce ne sont plus de simples particuliers, mais des nations inquiètes et en mouvement, qui se

heurtent et se choquent, qui, désunies par l'intérêt, se
rapprochent par la guerre, et dont les malheureuses dissen-
tions couvrent la terre de carnage et l'abreuvent de sang.

Nous suivons par-tout les progrès des lumières. L'histoire nous découvre même le berceau des nations, pour nous
montrer comment elles passent de l'état sauvage à la barbarie,
et de la barbarie à la civilisation. Nous observons avec
étonnement, dans le développement de nos connoissances,
combien l'homme est riche dans son indigence même, puisqu'il a tout fait, tout inventé avec un petit nombre de vérités, avec quelques notions simples et éparses, fécondées
par son industrie et par son génie. S'il n'a pas créé la
terre, il l'a rendue plus habitable et plus propre à être sa
demeure. Les opinions qui ont régné dans certains siècles,
et qui ont disparu dans d'autres, nous apprennent à ne pas
toujours céder aux opinions dominantes, comme nous apprenons par celles qui ont survécu aux tems, qu'il ne faut pas
toujours les mépriser. Le tableau de nos controverses, si
souvent occasionées par des abus de mots ou par des futi-
lités inintelligibles, nous invite à nous tenir en garde contre
les logogriphes littéraires, politiques ou religieux, qui ont si
souvent dégradé l'esprit humain et désolé le monde. Enfin,
le tableau de nos erreurs nous avertit de nous méfier de nous-
mêmes, et de n'être ni précipités dans nos recherches, ni
présomptueux dans nos découvertes, ni entêtés dans nos jugemens ».

QUATORZIÈME PHRASE.

De la perfection de l'Homme.

« Nous discernons le beau et le défectueux par le goût, le
bien et le mal moral par la conscience, le vrai ou le faux
par la raison. Principalement dans la morale, notre pre-

mière et véritable mesure est le sentiment. Le ministère
de la raison se borne à vérifier et à recueillir les affections
honnêtes du cœur. Il peut y avoir des occasions compliquées
et délicates où le raisonnement est nécessaire pour apprécier
la moralité d'une action ; mais la justice et l'humanité sont
toujours présentes à l'ame. Dans les sciences autres que la
morale , nous cherchons des rapports de proportion , de
similitude , de contiguïté , d'effets et de causes ; nous nous
efforçons d'acquérir des connoissances ou d'assurer nos connoissances acquises ; mais , dans la morale , il ne s'agit jamais de chercher des faits ou des rapports inconnus ; on n'a
à juger ou à régler que ce que l'on connoit ; le principe
qui produit l'approbation ou la désapprobation n'est pas
une découverte que l'on fait , mais un sentiment que l'on
éprouve. Il en est de la beauté morale comme de la beauté
naturelle, on la sent bien plus qu'on ne la démontre. C'est
par notre sens intime que nous jugeons d'une action bonne
ou mauvaise , et non par les relations extérieures qui s'offrent
à nous dans ces actions mêmes. Un homme qui commet un
homicide involontaire , fait le même acte matériel que celui
qui tue de dessein prémédité. Cependant les deux actions
ne nous affectent pas de la même manière , puisque nous ré-
putons l'une innocente et l'autre criminelle. La bonté morale est sensible par elle-même. Elle luit en nous, et cette
lumière se réfléchit du dedans au dehors , et non du dehors
au dedans. Il ne faut donc pas chercher hors de la conscience , le discernement du bien et du mal , la distinction
du juste et de l'injuste. Sans elle , comment des actions
parfaitement égales dans leurs relations extérieures , pourroient-elles nous paroître différentes ? Où s'arrêteroit le
raisonnement, si le sentiment ne le fixoit pas ? Aussi l'orateur romain nous dit : *que la morale est née avec nous, que*
nous ne l'avons point reçue de nos pères , ni apprise de nos
maîtres , ni lue dans nos livres ; que nous l'avons prise, tirée
et puisée du fond même de la nature , et que c'est une loi

dont nous ne sommes pas simplement instruits, mais dont nous
sommes, pour ainsi-dire, imbus et pénétrés:

L'amour de soi, et de tout ce qui est agréable et utile,
est donc une affection naturelle. Mais qu'est-ce que l'homme ?
n'a-t-il à conserver que son existence physique ? n'a-t-il à
s'occuper que de son existence civile ou sociale ? Si cela
est, l'amour-propre ne doit être que l'amour de la vie, et
la vertu ne peut et ne doit aboutir qu'au bien de la société.
Mais je trouve, dans la nature même de l'homme, quelque
chose de plus élevé que le sentiment de sa conservation et
de son bien-être physique, et quelque chose de plus intime
et de plus intérieur que ses rapports avec la société civile.
En effet, sur quoi jugeons-nous journellement nos propres
actions et celles des autres ? Sur le motif qui les produits.
Celui qui ne paie ses dettes que pour éviter la contrainte,
n'est qu'un homme lâche et prudent ; celui qui les paie pour
être fidèle à sa foi, nous l'appelons un homme probe.
S'il ne falloit considérer que l'intérêt de la société, les deux
actions mériteroient les mêmes éloges, puisqu'elles donnent
le même résultat. D'où vient que nous n'y attachons pas le
même prix ? Nous n'avons jamais donné le nom de crime,
à des actes nuisibles, mais involontaires. Nous n'avons
jamais donné le nom de vertu, à des actes utiles ou
heureux, mais intéressés. Nous accordons un plus haut
degré d'estime aux actions dans lesquelles nous remarquons
un plus haut degré de dévouement. Dans l'ordre de la bienfaisance, le denier de la veuve est plus recommandable
que les millions donnés par le riche. Il n'est aucun de
nous qui consentit à ne passer pour honnête que par la
crainte du supplice. Nos actions sont donc moins appréciées
par les rapports extérieurs qu'elles ont avec la société, que
par ceux qu'elles ont avec le cœur, puisque, dans nos jugemens, l'homme civil est sans cesse confronté avec l'homme

intérieur et moral, c'est-à-dire, la conduite du citoyen avec la volonté et le caractère de l'homme.

L'homme a été fait ou créé sans son propre concours ; il est donc en lui, des choses qu'il a reçues avec l'existence. Ainsi, les besoins du corps, la santé et la maladie, le plaisir et la douleur, l'union des deux sexes et les suites de cette union, la sociabilité et ses effets nécessaires, sont des institutions fondamentales de la nature. Si l'homme, relativement à toutes ces diverses modifications de lui-même, ou à ces diverses situations de sa vie, n'étoit capable que de sensations isolées et fugitives, tout se borneroit, pour lui, à parcourir aveuglément les révolutions successives auxquelles il seroit assujetti ; mais il a la conscience de ce qu'il est. Il sent que la nature le destine à veiller sur son propre salut, à vivre avec les autres, à être père, époux, enfant. Il entrevoit, dans ces indications positives de la nature, les conditions et les lois de sa liberté. Car il ne peut avoir la perception intime d'un ordre qui n'est pas son ouvrage, sans avoir celle d'une volonté suprême, antérieure à la sienne, et qui, conséquemment, doit devenir sa loi. De-là naissent les notions d'obligation et de devoir qui sont les véritables bases de toute morale.

Nous ne naissons point parfaits, nous naissons seulement perfectibles. Nous avons besoin d'exercice ou de culture, mais le germe sacré de la moralité, mais cet esprit divin, dont l'action opère dans le monde tout ce qui est bien, existe dans toutes les ames. Il perce à travers les préjugés, les erreurs et les passions. Quel est l'homme qui n'ait, d'une manière plus ou moins développée, la conscience de ce qu'il veut, de ce qu'il doit, et de ce qui lui est dû ? En est-il un seul qui n'éprouve, à l'approche d'un autre homme, l'émotion secrète et bienveillante qu'excite, dans tout être sensible, la vue de son semblable ? Par-tout, la

paternité préparée par le plaisir attaché à l'union des deux
sexes, ne devient-elle pas la source d'affections et de délices
mille fois plus douces que ce plaisir même ?

Je sais que si nous trouvons dans le cœur humain la tendresse, la compassion, la bienveillance, nous y trouvons
aussi la jalousie, la colère, la cruauté, la vengeance, l'orgueil.

L'homme connoît les impressions qu'il reçoit, et les sensations qu'il éprouve. Il les discerne ; il est le maître de ne
pas leur obéir.

Dans quel moment, par exemple, une nation s'agite-t-elle
pour se donner un gouvernement ? C'est lorsqu'elle n'en a
point encore, ou que celui sous lequel elle vit, périt par
corruption ou par vétusté. Dans le premier cas, les soins
d'un instituteur sont nécessaires, et dans le second, on
réclame souvent les conseils et les bras d'un libérateur.

Tous les princes qui ont laissé une renommée à la fois grande
et chérie, ont beaucoup habité les camps et n'en ont pas moins
mérité les bénédictions des peuples. Ils ont su conduire également
la paix et la guerre. On traitoit avec eux et pour longtems, dès
qu'on renonçoit à la folle ambition de les tromper et de les
surprendre.

Tous les monumens historiques constatent que la bienfaisance, la sagesse, le courage, le talent, le génie, aidés de
la fortune, ont été les premiers fondateurs des empires. Les
peuples se seroient civilisés plus tard, et ils eussent plus
long-tems été dévorés par l'anarchie, si la nature n'eût
produit, par intervalle, et à des époques décisives, quelques
ames privilégiées, nées pour les grandes choses, capables
d'influer sur la destinée des nations. La nature, il est vrai,
n'a fait ni magistrats, ni princes, ni sujets, elle n'a fait
que des hommes ; mais elle a, pour ainsi-dire, ébauché tous
les gouvernemens, en faisant sentir à la masse des hommes
le besoin d'un ordre public, et en donnant à quelques hom-

Y

mes , l'aptitude et les qualités qui les disposent à faire le
bien des autres.

Les temps de confusion et de désordre ne sauroient com—
porter l'idée d'un peuple délibérant et manifestant des volontés générales dans des assemblées proprement dites. Une
telle idée impliqueroit contradiction , puisqu'elle supposeroit
un gouvernement en l'absence de tout gouvernement. Conséquemment , il est trop heureux qu'au milieu du choc ter—
rible des passions et des intérêts , c'est-à-dire, dans un état
où l'on est presque toujours forçant ou forcé , la multitude
soit ralliée par les inspirations , par l'influence d'un homme,
et que le hasard même remplisse quelquefois l'office de la
politique.

Les lois qui civilisent ou qui régénèrent un peuple , sont
rarement de mauvaises lois ; car , comme ce ne sont guère
des hommes corrompus et avilis , des hommes sans talens ,
sans vertus et sans lumières , qui conçoivent et exécutent le
vaste projet de fonder des sociétés et des villes ; de conquérir
ou de régir des nations , les institutions qu'ils établissent ,
portent presque toujours l'empreinte de l'élévation , de l'éten—
due et de l'activité du génie qui les a tracées. Souvent
une grande nation n'a dû toute sa prospérité qu'à un grand
homme.

Au reste, il est certain que rien ne s'établit et ne peut
s'établir chez un peuple , sans son concours plus ou moins
direct, plus ou moins immédiat.

On objecte que ceux qui ont l'autorité et la richesse, sont
par—tout le plus petit nombre , et qu'il ne faut pas leur sacrifier la multitude dont le bonheur doit être le but de l'ordre
social.

Rendre à chacun ce qui lui appartient , ce n'est point sa—
crifier ceux qui n'ont rien à ceux qui ont quelque chose,
ceux qui ont peu à ceux qui ont beaucoup ; c'est seulement
ne pas abandonner ceux qui ont peu ou beaucoup , à la

discrétion de ceux qui n'ont rien. D'autre part, si l'autorité
est le partage du petit nombre, c'est qu'il n'y auroit que
confusion et anarchie, si la multitude exerçoit l'autorité. Il
faut un ordre qui fixant, dans une mesure réglée, les droits
et les devoirs, puisse obliger chaque homme à porter le poids
de sa propre destinée, sans être reçu à rejeter ce poids
sur autrui. Établir un pareil ordre, ce n'est pas sacrifier la
majorité à la minorité ; c'est, au contraire, pour l'avantage
de la majorité elle-même, empêcher que la minorité ne lui
soit sacrifiée. Qui pourroit résister à la force physique de
la multitude, si elle n'étoit balancée par la force morale
des lois ? Où s'arrêteroient les troubles, si les lois n'op-
posoient aucun frein aux mouvemens irréguliers de la multitude ?

Il faut pouvoir conserver ce que l'on a, il faut pouvoir
acquérir ce que l'on n'a pas ; mais par des moyens qui ne
soient ni tumultueux ni injustes. Il faut que les ambitions
soient réglées. Le but des institutions sociales doit être de
maintenir entre tous les hommes, cet état de justice et de
paix que la sagesse maintient entre des hommes modérées.
Voilà tout le secret d'une bonne législation.

L'indigent et le pauvre, le puissant et le foible, tous les
hommes, sans exception, doivent donc également être pro-
tégés dans les droits qui leur appartiennent, et dont le bon
ordre et la bonne police ne limitent pas l'exercice. Tous,
selon leur position respective, doivent avoir une égale part à
la surveillance et à la sollicitude des lois. Je dis *selon leur
position respective* ; car, pour que la sollicitude du législateur
puisse être complètement profitable au malheureux et à l'indigent, elle ne doit pas se borner à une simple application
des règles austères de la justice. La justice ne sauroit suffire
à cette classe nombreuse qui, n'ayant d'autre moyen de
subsistance que son travail, est exposée à tous les hasards
d'une si mobile ressource. Les indigens et les foibles doi-

vent encore trouver un appui dans les soins de la charité universelle, et c'est au législateur à tempérer la rigueur de leur situation, par des établissemens utiles et par des soulagemens convenables. Ainsi, *l'humanité*, *la justice et la bienfaisance*, *sont les vrais cordeaux de nivellement qu'un législateur doive raisonnablement mettre en usage pour égaliser les inégalités inévitables* que l'on rencontre dans la nature et dans la société.

Au reste, malgré l'injustice des hommes, et quelque soient les institutions, on aura toujours besoin des talens et des vertus dans la conduite des affaires humaines. Les vertus et les talens influent plus souvent que l'on ne pense, sur l'élévation ou le bonheur de ceux qui les ont en partage. Un mérite supérieur sait se placer de sa propre autorité, à côté ou même au-dessus des plus éminentes prérogatives, et de l'opulence la plus fastueuse. Les monarques les plus absolus ont plus d'une fois courbé leur tête en présence de l'homme de génie. Philippe écrivit, le jour de la naissance d'Alexandre, au plus grand philosophe qu'il y eût dans ses états : *Les dieux m'ont donné un fils, et je ne les remercie pas tant de me l'avoir donné, que de me l'avoir donné du tems d'Aristote.*

Vainement on observe que l'opinion est un juge presque infaillible, et que c'est lui qui répartit la considération, l'estime, la renommée. L'opinion ne descend plus directement du ciel. Ce sont les suffrages des hommes qui la forment. Or, chaque homme ne donne-t-il pas son suffrage, d'après ses connoissances, ses erreurs, ses préjugés ou son intérêt ?

Enfin, le ciel semble avoir voulu nous donner une grande et terrible instruction, en nous montrant que la trop cruelle faulx de la mort ne parvient à tout niveler, qu'en détruisant tout ».

FIN.

LETTRES

Adressées au Sieur V I N Ç A R D , typographiste.

Recevez, monsieur, tous mes remercîmens de l'ouvrage que vous avez bien voulu m'envoyer, l'*Art du Typographe*, j'en conçois tout le mérite , et ne puis que vous en féliciter.

Agréez , monsieur, l'assurance de ma parfaite considération.

Signé DEGÉRANDO.

J'ai reçu , monsieur, avec la lettre que vous m'avez fait l'honneur de m'écrire hier, deux exemplaires de votre ouvrage , intitulé : l'*Art du Typographe*. Je viens d'en remettre un à S. Ex. le Grand-Juge, qui l'a très-bien accueilli, et m'a chargé de vous en faire ses remercîmens. Recevez , je vous prie , les miens. Votre réputation, monsieur, étoit déjà un garant de la bonté de votre production. Je l'ai parcourue avec le plus vif intérêt, pour en rendre un compte sommaire à S. Ex. C'est vous dire combien j'aurai de plaisir à lire attentivement et à conserver cet ouvrage précieux qui me paroît être un manuel complet dans son genre , indépendamment du nouveau procédé dont vous avez enrichi l'Art Typographique.

J'ai l'honneur de vous saluer, monsieur, avec autant de reconnoissance que de considération. *Signé* DALMASSY.

J'ai reçu, monsieur, l'intéressant ouvrage, l'*Art du Typographe*, que vous avez bien voulu m'adresser ; je croyois avoir déjà eu l'honneur , monsieur , de vous faire parvenir mes remercîmens et mes félicitations.

Veuillez bien les agréer.

Signé LACÉPÈDE , *grand chancelier de la légion-d'honneur.*

Je vous remercie, monsieur, de l'envoi que vous m'avez fait d'un exemplaire d'une de vos productions, l'*Art du Typographe*, je l'ai lu avec le plus vif intérêt.

J'ai l'honneur de vous saluer.

Signe REGNAUD , (*de St.-Jean d'Angély*).

J'ai voulu, monsieur, avant de vous remercier du savant ouvrage , l'*Art du Typographe* , que vous m'avez fait l'honneur de m'envoyer, trouver le moment de le lire. J'étois sûr que cette lecture accroîtroit ma reconnoissance par le plaisir qu'elle me feroit. Je n'ai point été trompé dans mon attente. Je vous félicite bien sincèrement, monsieur, de joindre au talent des découvertes, celui de leur donner un nouvel intérêt par votre manière de les décrire, qui vous fait presqu'autant d'honneur que l'invention même. Croyez, je vous supplie, que c'est bien malgré moi que j'ai tant tardé à vous offrir ce tribut de ma juste reconnoissance et de mon admiration.

Agréez, je vous prie, monsieur, l'assurance de la haute estime avec laquelle j'ai l'honneur d'être, etc.

Signé, RAILLON, *chanoine de Paris.*

La multiplicité de mes occupations occasionées par le déménagement de S. Em. le Cardinal grand Aumônier, ne m'avoit point encore permis de vous remercier de l'envoi de votre ouvrage intitulé : l'*Art du Typographe*. Je n'ai eu que le tems de le parcourir ; il a vivement piqué ma curiosité, et je me promets bien de le lire aussitôt que j'en aurai le tems. Cet art m'a toujours beaucoup intéressé, et je me fais un plaisir de pouvoir me familiariser avec ses expressions et ses procédés.

Je vous réitère mes remercîmens.

Signé LUCOTTE, *aumônier de S. M. l'Empereur et Roi, à la grande Aumônerie.*

J'ai reçu, monsieur, un exemplaire de votre ouvrage sur l'*Art Typographique*, que vous avez bien voulu me transmettre le premier octobre. Je vous remercie de cette attention, et je ne doute pas, d'après le rapport qui m'en a été fait, que l'utilité de cette production en assure le succès.

Agréez, monsieur, mes sincères salutations.

Signé Card. FESCH.

J'ai reçu, monsieur, l'exemplaire de l'*Art du Typographe*, et le *Projet d'Organisation de la Librairie*, que vous m'avez envoyés.

Je vous en fais mes remercîmens.

Signé CRETET, *Ministre de l'Intérieur.*

M. Gaigne, ancien censeur royal, m'a fait remettre, monsieur, l'exemplaire que vous aviez bien voulu lui donner pour moi, de votre nouvel ouvrage, intitulé : l'*Art du Typographe*. Je vous remercie bien sincèrement, monsieur, de cet ouvrage également curieux et instructif. Vous avez rempli votre objet en homme de goût, et animé, pour les progrès de son art, d'un zèle ardent qui seul peut perfectionner et produire les découvertes.

Recevez, monsieur, l'assurance de mon estime et de ma parfaite considération. *Signé* CARNOT.

J'ai reçu, monsieur, l'ouvrage que vous avez bien voulu m'envoyer, l'*Art du Typographe*. Il me paroit avoir le vrai genre de mérite qui lui convient : tout y est exact, clair et précis. Vous êtes du petit nombre de ceux qui honorent, par leurs connoissances et leurs travaux, la profession d'imprimeur, et vous donnez à vos confrères, un exemple digne d'être suivi.

Recevez, monsieur, mes remercimens, et l'assurance de ma haute estime.   *Signé* FONTANES, *Président du Corps-Législatif.*

ᴗᴗᴗᴗᴗᴗᴗᴗᴗᴗᴗᴗᴗᴗᴗᴗᴗᴗᴗᴗᴗᴗᴗᴗᴗᴗᴗᴗᴗᴗᴗᴗᴗᴗᴗᴗ

Je m'empresse de vous faire mes remercimens pour l'envoi que vous avez bien voulu me faire de vos deux ouvrages sur la *Typographie*. J'avois déjà lu, avec intérêt, votre *Projet d'organisation de l'Imprimerie et de la Librairie*. Dans ce que j'ai pu jusqu'à présent parcourir de votre *Art du Typographe*, j'ai trouvé une foule de notions utiles aux hommes de lettres, présentées avec ordre et clarté. Permettez-moi, monsieur, de vous féliciter sur cet heureux succès de vos travaux, et de vous offrir les assurances bien sincères de ma parfaite considération.

    Signé MONVEL, *Secr. de S. A. S. l'Archi-Chancelier.*

ᴗᴗᴗᴗᴗᴗᴗᴗᴗᴗᴗᴗᴗᴗᴗᴗᴗᴗᴗᴗᴗᴗᴗᴗᴗᴗᴗᴗᴗᴗᴗᴗᴗᴗᴗᴗ

J'ai reçu, monsieur, l'exemplaire de votre *Art du Typographe*, dont vous voulez bien me faire don, je vous prie d'en recevoir tous mes remercimens. En parcourant cet ouvrage, je n'ai pas douté qu'il ne fût utile et agréable, particulièrement aux Gens de Lettres, et il m'a paru rédigé avec une bonne méthode, et contenir des notions complètes sur la pratique de l'Art de l'Imprimerie.

J'ai l'honneur de vous saluer, monsieur, avec une parfaite considération.   *Signé* SUARD, *Secr. perp. de l'Institut.*

ᴗᴗᴗᴗᴗᴗᴗᴗᴗᴗᴗᴗᴗᴗᴗᴗᴗᴗᴗᴗᴗᴗᴗᴗᴗᴗᴗᴗᴗᴗᴗᴗᴗᴗᴗᴗ

J'ai reçu, monsieur, avec beaucoup de reconnoissance, l'exemplaire de l'*Art du Typographe*, dont vous êtes l'auteur, et que vous avez bien voulu m'envoyer ; je pourrai apprendre, dans cet intéressant ouvrage, un grand nombre de choses que j'ignore, et dont je serai fort aise d'avoir du moins quelqu'idée certaine : c'est une obligation de plus que je vous aurai.

Veuillez agréer, je vous prie, monsieur, mes sincères remercimens, et l'assurance des sentimens d'estime et de considération avec lesquels j'ai l'honneur de vous saluer,

    Signé DACIER, *Secr. perp. de l'Institut.*

ᴗᴗᴗᴗᴗᴗᴗᴗᴗᴗᴗᴗᴗᴗᴗᴗᴗᴗᴗᴗᴗᴗᴗᴗᴗᴗᴗᴗᴗᴗᴗᴗᴗᴗᴗᴗ

Je vous remercie très-sincèrement, monsieur, de l'ouvrage que vous avez bien voulu m'envoyer ; tous ceux qui lisent doivent s'intéresser aux progrès de l'art que vous enseignez ; mais, quoique j'en connoisse déjà quelques-uns, vous m'en avez encore appris plusieurs que j'ignorois, et parmi lesquels, ceux que vous avez imaginés, ne sont ni les moins utiles, ni les moins ingénieux.

Je vous prie d'agréer l'assurance de ma parfaite considération.

    Signé CUVIER, *Secr. perp. de l'Institut.*

J'ai reçu, monsieur, l'exemplaire que vous avez bien voulu m'envoyer de votre *Art du Typographe*. Cet ouvrage me paroît fort utile, sous un petit volume il renferme beaucoup de choses. On ne peut mieux employer l'art qui sert à décrire et à propager tous les autres, qu'à le décrire lui-même et aussi complètement. Vous aurez contribué à perfectionner l'art qui perfectionne l'espèce humaine.

Agréez, monsieur, mes sincères remercîmens, et les assurances de ma haute considération.

Signé ANDRIEUX, *Prés. de l'Institut.*

Analyse du Publiciste, du 15 *Septembre* 1806.

L'ART du TYPOGRAPHE, par B. VINÇARD, typographiste, breveté par S. M. l'Empereur et Roi, inventeur des Ligatures françaises, et des Presses à touchoir, secrétaire de la Société Typographique, membre de plusieurs Sociétés de Sciences et Arts, etc. — Un vol. in-8°. Prix, 9 fr.

Ce Manuel, destiné à MM. les Hommes de Lettres, Bibliographes et Typographes, est divisé en deux parties; dans la première, l'auteur expose les principes de l'art, et entre dans les détails de tous les procédés d'une manière si méthodique, qu'il est presque impossible de ne se les pas fixer dans l'esprit. Le Sr. VINÇARD ne s'est pas contenté de donner des Alphabets des langues mortes et des langues vivantes, il a encore ajouté, dans cette première partie, un Vocabulaire typographique, un Traité sur la fonte et l'emploi des caractères, une Table raisonnée et complète de tous les mots qui ont la même prononciation, mais qui ne s'écrivent pas de même, un Tableau des Typographes célèbres qui ont succédé à Guttemberg, les Alphabets italiques comparés avec le grec et l'oriental, les caractères de musique et de plain-chant, une méthode simplifiée pour la correction des épreuves, l'alignement des vers, ainsi que tout ce qui peut intéresser les personnes auxquelles il a dédié son ouvrage.

Les matières dont on tire une substance propre à faire le papier, les échantillons et les poids, le mécanisme de la presse, les encres de diverses couleurs; tous ces objets sont compris dans la seconde partie, que l'auteur termine par les lois et décrets relatifs à la propriété et à l'impression des ouvrages.

La lecture de ce Traité fera juger aisément par la division, par le classement des matières, toutes enchaînées d'une manière naturelle, des grandes connoissances de l'auteur dans son Art, et de toute l'extrême patience dont il a eu besoin pour découvrir, suivre et perfectionner les détails renfermés dans chaque division, et dans le classement des matières.

Cet ouvrage, en un mot, est un Manuel profond, indispensable à MM. les Hommes de Lettres, Bibliographes et Typographes, et qu'ils ne consulteront jamais sans fruit.

www.ingramcontent.com/pod-product-compliance
Lightning Source LLC
Chambersburg PA
CBHW072150270326
41931CB00010B/1948